Nils Altner
Achtsam mit Kindern leben

Nils Altner

ACHTSAM MIT KINDERN LEBEN

Wie wir uns die Freude am Lernen erhalten
Ein Entdeckungsbuch

Mit einem Vorwort von Jon Kabat-Zinn

Kösel

Copyright © 2009 Kösel-Verlag, München,
in der Verlagsgruppe Random House GmbH
Umschlag: fuchs_design, München
Umschlagmotiv: Getty Images/Mieke Dalle
Illustrationen: Wolfgang Pfau, Baldham
Druck und Bindung: Kösel, Krugzell
Printed in Germany
ISBN 978-3-466-30782-1

*Gedruckt auf umweltfreundlich hergestelltem Offsetpapier
(säurefrei und chlorfrei gebleicht)*

www.koesel.de

Die Kindheit ist ein Land, ganz unabhängig von allem.
Das einzige Land, in dem es Könige gibt.
Warum in die Verbannung gehen?
Warum nicht älter und reifer werden in diesem Lande?

Rainer Maria Rilke

Die Fähigkeit, freiwillig die umherschweifende Aufmerksamkeit
immer wieder zurückzubringen, das ist die eigentliche Grundlage für Urteil, Charakter und Willen ... Eine Bildung, die diese
Fähigkeit verbessern könnte, wäre Bildung schlechthin.

William James

Inhalt

Vorwort

Als Menschen befinden wir uns in einem fortwährenden Lernprozess. Es mag daher eine der wichtigsten Aufgaben in unserem Leben sein, eine freudvolle Einstellung zum Lernen und Heranwachsen zu fördern. Achtsames Verhalten kann das erleichtern. Deshalb ist es mir eine große Freude, das Buch von Nils Altner zu unterstützen, den ich sehr schätze.

Die Einführung von Achtsamkeit in den pädagogischen Kontext gewinnt gegenwärtig in Nordamerika zunehmend an Bedeutung. Umso wichtiger ist dieses Buch, das so präzise und seelenvoll die Argumente und Methoden für die Etablierung einer achtsamen Pädagogik in Deutschland artikuliert, wo die Achtsamkeitspraxis bereits Eingang in Gesundheitswesen und Medizin gefunden hat. Inzwischen ist in Fachkreisen der Wert einer achtsamen Haltung für die Förderung von Gesundheit und Wohlbefinden bei Menschen aller Altersgruppen anerkannt. Dieser Wert kann zum Teil auf die Wirkungen zurückgeführt werden, die sich in den Hirnarealen nachweisen lassen, die mit der Kultivierung von Aufmerksamkeit sowie mit der Regulation der Gefühle, vor allem auch in Stresszuständen, assoziiert sind. Kaum jemand ist heute mehr Stress ausgesetzt als die Kinder. Und es liegt zunehmende Evidenz dafür vor, dass sich die systematische Kultivierung von Achtsamkeit sehr positiv gerade auch auf die kindliche Entwicklung auswirken kann.

Im Grunde fördert der Weg Achtsamkeit den Aufbau eines freundschaftlichen Verhältnisses mit der eigenen Person. Daraus kann dann das Gefühl einer sicheren Verbundenheit mit anderen und mit der Lebenswelt erwachsen. In allen Phasen der Entwicklung ist es für Kinder, Jugendliche und Erwachsene von enormer Bedeutung, dass sie lernen, ihre eigenen inneren Dimensionen wahrnehmen, anerkennen und würdigen zu können. Das daraus entstehende Selbstvertrauen setzt jedoch direktes, unvermitteltes inneres Erleben voraus. Auf der Basis des Vertrauens in das eigene innere Erleben können Menschen jeden Alters Wege finden, sich mit Enthusiasmus und Zuversicht den sozialen, emotionalen und kognitiven Herausforderungen zu stellen, die mit dem Heranwachsen und dem Lernen in einer zunehmend stressvollen und sich beschleunigenden Gesellschaft einhergehen.

Für LehrerInnen und alle, die mit Kindern, Heranwachsenden oder in der

Erwachsenenbildung arbeiten, stellt Nils Altner in diesem Buch vor, wie sie Achtsamkeit in ihrem eigenen Leben kultivieren und effektiv in pädagogischen Kontexten anwenden können. Möge das Buch seinen Weg in die Hände und Herzen all derer finden, denen authentisches Arbeiten mit Kindern, Jugendlichen und Erwachsenen ein Anliegen ist. Möge es dazu beitragen, dass sie selbst die Freude am Lernen wiederentdecken, denn eine achtsame und herzlichere Erziehung kommt Schülern, Lehrern und Eltern gleichermaßen zugute.

Professor emer. Dr. Jon Kabat-Zinn
University of Massachusetts Medical School

Immer ist jetzt

Ist es nicht ein unglaubliches Wunder, wie jeden Morgen ein neuer Tag beginnt? Im Weltraum dreht sich unser Erdteil ins Sonnenlicht und der Morgen begrüßt sich selbst mit Vogelgezwitscher und frischem, taunassen Gras. Die tagaktiven Lebewesen regen sich und die Nachtschwärmer legen sich zur Ruhe. Seit unbegreiflich langer Zeit ist das so.

Kleine Kinder staunen oft über die Welt. Sie erleben jeden Tag Neues, begegnen Dingen, Tieren und Menschen, die sie nie zuvor gesehen haben. Die Frische dieser Erstbegegnungen macht den Zauber der Kindheit aus. Und diese Frische überträgt sich auf uns Erwachsene, wenn wir uns vom Staunen berühren lassen. Jeder Moment kann dann frisch und prall und voller Wunder sein. Wer mit Kindern lebt und arbeitet, hat täglich Möglichkeiten, diese Qualität zu genießen.

Zugleich wissen wir aber auch, dass für die meisten von uns mit zunehmendem Alter die Entzauberung der Welt voranschreitet. Jede Erscheinung scheint irgendwann nur noch eine Wiederholung von oft schon Dagewesenem zu sein. Dann verliert auch der tägliche Morgen seinen Reiz und Zauber und verblasst zum Beginn einer weiteren Wiederholung langweiliger Routine und lästiger Pflichten. Langeweile, Ödnis und niedergedrückte Stimmung breiten sich da aus, wo vorher lebendige Begeisterung jeden neuen Tag zum Entdeckungsfest machten.

Dabei ist die Fähigkeit zur Gegenwärtigkeit ein Geschenk der Kinderzeit, das wir uns bis ins hohe Erwachsenenalter erhalten können. Das Geheimnis der Beibehaltung dieses Schatzes liegt in der Kultivierung unserer Fähigkeit zur Anwesenheit im gegenwärtigen Moment. Wer seine Aufmerksamkeit auf diesen Moment jetzt und hier richtet und die Sinne hier und jetzt der Welt öffnet, wird vom Zauber der Gegenwärtigkeit so erfüllt, dass kaum Kapazität für Langeweile oder schlechte Laune übrig bleiben wird. Dieses Im-Moment-anwesend-sein-Können birgt den Schlüssel zum Glück und ist die Basis für lebenslanges freudvolles Lernen und schöpferisches Tun.

Im Text werde ich immer wieder zu Experimenten mit dem gegenwärtigen Moment einladen und dabei die direkte Du-Ansprache verwenden. Diese

Experimente sind grafisch abgehoben. Damit möchte ich zum spielerischen Ausprobieren und Erleben einladen. Auf diesem Weg gründen wir unser gemeinsames Lernabenteuer nicht nur auf Worte und Konzepte, sondern auch auf persönliche Erlebnisse und Erfahrungen. Einige dieser Experimente eignen sich zum direkten Einbeziehen in den Unterricht oder in das Spiel mit Kindern. Andere sind Einladungen, bestimmte Aspekte unseres Lebens in den Fokus der Aufmerksamkeit zu nehmen, vor allem unsere Beziehungen zu den Kindern und die Art und Weise, wie wir Lernsituationen für und mit Kindern gestalten. Die Einladung dabei ist, zu erleben, wie aus einer achtsamen Präsenz heraus die Fähigkeit erwachsen kann, selbst Freude an lebendigem und bedeutsamem Lernen und Lehren zu kultivieren und freudvolles Lernen zu ermöglichen.

Nils Altner

Das Ganze

Lernen, Achtsamkeit und die
Kreise des Lebens

GANZ

KÖRPERLICH
EMOTIONAL
GEISTIG
SOZIAL
UMWELTLICH
ÖKOLOGISCH
TRANSPERSONAL
INTEGRAL
EINHEIT

Die verlorene Freude am Lernen

Wie kommt es, dass aus neugierigen, offenen Kindern, die voller Lust am Entdecken und Lernen sind, gelangweilte und missmutige SchülerInnen werden? Wie kann es sein, dass in unserem Land jedes Jahr an die 80.000 Jugendliche die Schulen ohne Abschluss verlassen und dass etwa 140.000 Schülerinnen und Schüler zwar Abschlüsse erhalten, aber nur unzureichend lesen und schreiben können?[1] Warum sind »unsere Universitäten und Schulen ... zutiefst bedroht von der Gleichgültigkeit gegenüber den dort behandelten Inhalten«?[2] Was bleibt uns zu tun, wenn folgende Aussage des Freiburger Psychiaters Joachim Bauer stimmt: »Das Problem der Schule liegt ... in der Unmöglichkeit, im Unterricht eine Situation herzustellen, die Lernen möglich macht und begünstigt«?[3] Welche Hoffnung können wir haben, wenn sich, wie Bauer in seiner *Freiburger Schulstudie* feststellte, ein Großteil der »Lehrerinnen und Lehrer ... in einer durch hohe Verausgabung, Erschöpfung und Resignation gekennzeichneten Situation, d.h. in einer Burnout-Konstellation« befinden? Wie ist es zu erklären, dass viele Eltern kaum Zeit mit ihren Kindern verbringen und oft nur für wenige Minuten am Tag mit ihnen sprechen?[4] Haben wir uns nichts zu sagen? Warum wollen wir nicht herausfinden, wie unsere Kinder die Welt erleben? Warum haben wir Erwachsenen so wenig Interesse an unseren Kindern und warum verlieren so viele Kinder im Laufe ihrer Schulzeit das Interesse am Fragen und Lernen?

Interesse und Lernfreude wachsen, wenn wir als Lernende in die Auswahl der Themen einbezogen werden und wenn Lernen mit konkret-sinnlichen Erfahrungen verbunden ist. Das wissen wir aus eigener Erfahrung. Auch die pädagogische Forschung weiß seit wenigstens 100 Jahren darum und dennoch folgt die Unterrichtspraxis der meisten Regelschulen noch immer den restriktiven Grundsätzen des 19. Jahrhunderts. Um freudvoll zu lernen, möchten wir spannende Projekte verfolgen, verschiedene Lösungswege ausprobieren, die auch einmal nicht zum vorher bestimmten Ziel führen dürfen. Dabei ist es schön und bereichernd, gemeinsam mit anderen auf Entdeckung zu gehen. Wenn wir ein spannendes Projekt verfolgen, vergessen wir dabei die Zeit, so begeistert sind wir von unserem Tun. Diesen Prozess nach einer dreiviertel Stunde auf ein Klingelzeichen hin zu unterbrechen, um kurz darauf mit einem neuen Thema von vorn zu beginnen, scheint absolut widersinnig.

Das Ganze

Interesse an der Welt zu wecken und zu fördern, gehört zu den wichtigsten Aufgaben von Lehrern und Eltern. Doch besonders in Deutschland scheinen die Lerninstitutionen wider besseres Wissen oft genau vom Gegenteil geprägt zu sein. So werden Kinder weiterhin jahrelang mit Themen konfrontiert, ohne dass Verbindungen zu ihrem eigenen Leben und ihren Interessen geschaffen werden. Lehren und Lernen beschränkt sich dabei fast ausschließlich auf sprachlich rationale und logisch mathematische Fähigkeiten. Die anderen Fähigkeiten, wie die musikalisch rhythmische, die bildlich räumliche, die auf Körpergefühl und Bewegung bezogene oder auch emotionale und zwischenmenschliche Fähigkeit, werden nicht oder kaum angesprochen und geschult. Spätestens seit Howard Gardner, der Psychologie an der Harvard University lehrt, seine Untersuchungen zur Vielfalt der menschlichen Intelligenzen und Begabungen veröffentlichte, wissen wir, dass eine solch einseitig sprachlich-rationale Bildung vielen Menschen nicht entspricht.[5] Doch selbst bei den Fähigkeiten, die in der Schule angesprochen und entwickelt werden, scheint die Struktur des Unterrichts darauf angelegt, die eigenen Interessen und die Kreativität der Lernenden und auch die der Lehrenden zu beschneiden oder ganz zu verhindern. Dabei kommt keine Freude auf. Der entstehende Frust muss sich entweder in dauernden gegenseitigen Sticheleien äußern, in Aggressivität entladen oder zu Rückzug und Depression führen. Und das trifft sowohl auf die Schüler als auch auf die Lehrer zu. Wer die oft unerfreuliche Stimmung in den Lehrerzimmern kennt, wird das bestätigen können.

Zu erklären ist dieser Missstand wirklich nur mit Kalkül. Was steckt dahinter, dass die Schulen so offensichtlich das Gegenteil von dem tun, was sie vorgeben erreichen, zu wollen? In der Vergangenheit war das durchaus sinnvoll. Im 17., 18. und 19. Jahrhundert und auch noch in der ersten Hälfte des 20. Jahrhunderts wurden von der Mehrzahl der Bevölkerung genau die Fähigkeiten erwartet, die unsere Schulen heute noch heimlich fördern: beschränkte eigene Interessen, geistige Abhängigkeit von vorgegebenen Meinungen und geringe Ambitionen für die Umsetzung eigener Ideen. Nur so »funktionierten« die Millionen von ArbeiterInnen und Angestellten in Industrie, Landwirtschaft, Verwaltung und Behörden. Sie taten, was sie sollten, ohne die ihnen vorgegebenen Arbeitsabläufe durch allzu viele eigene Ideen und Impulse zu stören.

Die Aufgabe der Schulen war es, diese bestehende »Ordnung« zu sichern. Nur ist diese von außen vorgegebene Ordnung im 21. Jahrhundert immer

weniger vorhanden und gefragt. Die Arbeiterinnen und Arbeiter an den Fließ-
bändern in den Fabriken werden zunehmend von automatisierten Fertigungs-
anlagen oder von KollegInnen in Asien und Osteuropa ersetzt, die sich zurzeit
noch mit einem Bruchteil des hiesigen Lohnes zufriedengeben. Auch Verwal-
tungsaufgaben werden zunehmend computerisiert. Ob wir wollen oder nicht,
das Arbeitsbild, das durch möglichst fehlerfreies Abarbeiten vorgegebener
Routinen bestimmt ist, stirbt aus. Und das ist auch gut so, weil wir damit alle
herausgefordert sind, schöpferisch tätig zu werden. Der Philosoph Frithjof
Bergmann gründet seine visionäre Vorstellung von der »Neuen Arbeit« ganz in
diesem Sinne auf der Befähigung der Menschen zu wissen und umzusetzen,
was sie im Leben »wirklich, wirklich wollen«.[6] Problematisch ist, dass wir aber
in unseren Schulen noch immer versuchen, junge Menschen auf jenes beinahe
ausgestorbene Arbeitsleben vorzubereiten, indem wir ihre Kreativität und ihre
eigenen Impulse einschränken oder ganz zu unterdrücken versuchen. Es
spricht für die Lebendigkeit der Kinder und Jugendlichen und für ihr gutes
Gespür für die Wirklichkeit, wenn sie sich das nicht gefallen lassen.

> Die im 45-Minutentakt mit Klingelzeichen unterbrochene Vermitt-
> lung von Lerninhalten, das rein sprachlich-kognitiv angelegte Pauken
> ohne Bezug zu Neugier, den Interessen und Fähigkeiten der Kinder
> und Lehrer verhindern selbstbestimmtes Lernen.

Es ist traurig, aber wahr: Die Erfahrungen während der Schulzeit haben bei
vielen Erwachsenen ihr natürliches Interesse an der Welt und aneinander
begraben und die Freude am Lernen verschüttet. Dazu beigetragen haben verletzte, verhärtete oder erschöpfte Lehrer, die uns abwerteten und blamierten;
Lehrpläne, in denen kein Raum war für Bezüge des Lernstoffs zu unserem
wirklichen Leben taten ihr Übriges ebenso wie Lehrmethoden, die darauf
abzielten, unsere Interessen, Ideen und Bedürfnisse klein zu halten. Die gute
Nachricht lautet jedoch, dass wir jederzeit die Möglichkeit haben, in unserem
Inneren zu Archäologen in eigener Sache zu werden, um das Begrabene und
Verschüttete wieder ans Licht zu bringen. Unser Leben mit Kindern kann dafür
wichtige Impulse geben.

Mit jedem Kind, das in unser Leben tritt, erhalten wir eine neue wunderbare Chance zum Wiederentdecken unserer verlorenen Freude am Lernen. Und wenn wir diese Freude für uns selbst kultivieren, wird es uns ein Bedürfnis sein, für unsere Kinder zu Hause, im Kindergarten und in der Schule Lernbedingungen zu gestalten, die ihre Freude am Lernen respektieren, erhalten und fördern.

Dabei können wir uns an den Menschen orientieren, die uns selbst beim freudvollen Lernen unterstützt haben.

MENSCHEN, DIE GUTTUN

Vielleicht magst du in einem Gedankenexperiment im Schatz deiner Erinnerungen nachschauen, ob du in deiner Kindheit das Glück hattest, Erwachsene um dich zu haben, die dich in deiner Entdeckerfreude und deinem Lernen bestätigt und gefördert haben.

Wer hat dir das Gefühl vermittelt,
dass deine Interessen wichtig und spannend waren?
Wer hat mit dir die Welt entdeckt?
Wer hat deine Fragen ernst genommen und beantwortet?
Wer hat dir als Kind ehrlich und von Herzen Fragen gestellt?
Wie hieß diese Person? Welche Eigenschaften hatte sie?
Was an ihr hat dir gefallen und gutgetan?
Wie hat sie deine Interessen unterstützt und gefördert?
Kannst du sagen, warum dies so positiv für dich war?

Vielleicht hast du Mittel und Wege, wie du heute diesen Schatz an Kinder in deinem Leben weitergeben kannst?

19

Viele Lehrer, Lehrerinnen und Eltern engagieren sich bereits für fördernde Lernbedingungen. Vielleicht ist unsere Zeit heute *die* Phase in der Menschheitsgeschichte, in der der Anteil von Erwachsenen, die den Kindern wirklich zugewandt sind, am größten ist. Wir verfügen über einen kostbaren Schatz an persönlichen und kollektiven Erfahrungen und an wissenschaftlichen Erkenntnissen darüber, was freudvolles und bedeutsames Lernen ermöglicht. Wir wissen, dass vor allem die Fähigkeit zur Gestaltung herzlicher, verantwortlicher und bedeutsamer Beziehungen zu unseren wichtigsten Fähigkeiten gehört, wenn es darum geht, Kinder bei einem Leben und Lernen zu unterstützen, das ihre Anlagen fördert und entwickeln hilft.

> Auch wenn wir selbst als Kinder wenig Herzlichkeit und Zuwendung erfahren haben, können wir die Fähigkeit erlernen, unsere Beziehungen zu Kindern so zu gestalten, wie sie uns als Kindern gutgetan hätten.

Selbstfürsorge und die Kraft der Gestaltung

Gerade in pädagogischen Berufen entstehen im Spannungsfeld aus persönlichem Engagement, den oft restriktiven und veralteten Strukturen und den herausfordernden zwischenmenschlichen Auseinandersetzungen gesundheitsschädigende Belastungen. Um trotzdem über Jahrzehnte freudvoll, leistungsfähig und gesund zu bleiben, bedarf es der Fähigkeiten von Selbstwahrnehmung und Selbstfürsorge. Eltern, Lehrerinnen und Lehrer, aber auch alle anderen, die mit Kindern leben und arbeiten, sind eingeladen, für sich zu entdecken und auszuprobieren, wie sie den Alltag mit den Heranwachsenden zum Wohle der Kinder und auch zum eigenen Wohl gestalten können. Um wissen zu können, welche Entscheidungen dabei allen Beteiligten helfen und welche nicht, ist unsere Fähigkeit zur Einfühlung gefragt; Einfühlung in uns selbst und in die Menschen um uns. Die Grundlage des Einfühlungsvermögens bildet das achtsame Gewahrsein, bei dem wir unsere Aufmerksamkeit ganz dem gegenwärtigen Moment widmen.

Die Beschäftigung mit Achtsamkeit erfreut sich seit einigen Jahren wachsenden Interesses in der Verhaltensmedizin sowie bei PsychologInnen und PädagogInnen. Damit geht auch eine zunehmende Beschäftigung mit buddhistischem Gedankengut einher. In buddhistischen Traditionen wird die Kultivierung einer achtsamen Haltung als wichtige Voraussetzung für die spirituelle Entwicklung gelehrt. Zu diesem Zweck wurde über die Jahrhunderte eine Vielzahl von inneren Übungen und Wegen entwickelt, die uns heute zum Teil auch als Nicht-Buddhisten zur Verfügung stehen und die bereits in vielen therapeutischen Kontexten unterrichtet werden, z.B. für Menschen mit chronischen Schmerzen, mit Angst- und Panikstörungen oder mit Depressionen.[7] Das Wiedererlernen einer kindlichen Offenheit und freundlichen Zugewandtheit zu sich selbst und zur Welt steht dabei im Mittelpunkt des therapeutischen Interesses.

Buddhistische Lehrer weisen gern auf die Bedeutsamkeit des »Anfängergeistes« hin. Aus buddhistischer Sicht hält dieser mehr Möglichkeiten des Erlebens, Begreifens und Handelns offen als der spezialisierte Geist des Experten, der so festgelegt und *ver-schult* ist, dass er nur einige wenige Optionen kennt.[8] Auch in der christlichen Tradition finden sich Hinweise auf die Bedeutsamkeit einer Haltung, die der kindlich offenen Unbeschwertheit ähnelt. So sagt Jesus bekanntlich zu seinen Jüngern: »Wenn ihr nicht umkehrt und werdet wie die Kinder, so werdet ihr das Himmelreich nicht empfangen.« (Matth. 18, 3). Doch ist ein Zurück im Prozess der persönlichen Entwicklung wirklich möglich und wünschenswert? Wollen wir als Erwachsene wirklich wieder wie Kinder werden? Oder geht es in diesem Gleichnis vielleicht vielmehr um die bewusste Wiedererweckung wichtiger, aber vergessener oder verlernter Haltungen und Fähigkeiten, die uns als Kindern natürlicherweise zur Verfügung gestanden haben? Welche Haltungen und Fähigkeiten könnten das sein? Nach welchem Bild können wir uns richten? Bleiben wir bei der Bibel. In der Schöpfungsgeschichte (Gen. 1, 27) heißt es: »Gott schuf den Menschen nach seinem Bilde, nach dem Bilde Gottes schuf er ihn«. Was kann dieses »Schöpfen nach seinem Bilde« für uns heute bedeuten? Die zentrale Qualität Gottes in dieser Geschichte ist seine Schöpferkraft. Die Aussage lässt sich also so verstehen, dass es die kreativen und gestaltenden Kräfte sind, die wir mit dem Göttlichen gemein haben. Und vielleicht sind es auch genau diese Schöpferkräfte, die wir in uns wecken, wenn wir auf neuer, weil bewusster Stufe kindliche Qualitäten in uns wachrufen und kultivieren.

Achtsamkeit

Von Achtsamkeit ist schon die Rede gewesen. Was aber beinhaltet dieser Begriff genau?

Eine zentrale Qualität der achtsamen Haltung spüren wir, wenn wir heraustreten aus unseren gewohnten Mustern des Wahrnehmens, Fühlens, Denkens und Handelns. So kann z.B. das Reisen in unbekannte Gegenden Anlass für solch ein frisches, weil ungewohntes Erleben sein.

======== FRISCHE MOMENTE ────────────────────────────

Vielleicht kennst du eine solche Erfahrung
von Frische und vertrauter Neuheit von eigenen Reisen
oder auch von dem Moment,
wenn du deine Wohnung nach einer längeren Reise wieder betrittst.
Wie erlebst du solche Momente?
Was genau unterscheidet sie von anderen Erlebnissen?

Gegenwärtigkeit ist ein Wort, das die besondere Qualität solcher Momente ausdrückt. Das Konzept der Achtsamkeit beinhaltet aber noch mehr. Eine Geschichte kann uns weitere Aspekte erschließen helfen. Stellen wir uns folgende Situation vor:

Ein Samurai begegnet einem alten, leicht gebeugten und etwas abgerissen aussehenden buddhistischen Mönch. Der Samurai ist ein stolzer und selbstbewusster Krieger, der im Dienste des Kaisers von Japan steht. Der Mönch ist ein betagter weiser Mann, der jedoch als Bettler lebt, alte, geflickte Kleider trägt und von außen betrachtet weit weniger stolz daherkommt als der tapfere Krieger. Nun fordert der Samurai den Alten mit lauter Stimme auf, ihm den Unterschied zwischen Himmel und Hölle zu erklären. Der angesprochene Mönch erwidert: »Du bist nichts als ein Flegel. Mit Leuten wie dir vergeude ich nicht meine Zeit.« Erbost und ohne Zögern zieht der gekränkte Samurai mit sicherer Hand sein sehr scharfes und kampferprobtes Schwert, um den frechen Bettler auf der Stelle zu enthaupten. »Das«, sagt der Mönch ruhig, »ist die Hölle«. Verblüfft ob der tiefen Erkenntnis über die Kraft der Wut, die ihn soeben übermannt hatte, steckt der Samurai sein Schwert mit oft geübtem Handgriff in die

Das Ganze

Scheide und dankt dem Meister mit einer Verbeugung für die erlangte Einsicht. »Und das, mein Lieber«, sagt dieser darauf, »ist der Himmel«.

═══════ Resonanz-Raum ────────────────────────────

Wenn es für dich passt, nimm dir einen Moment Zeit,
um diese Geschichte in dir nachklingen zu lassen.
Vielleicht schließt du die Augen und lauschst dieser Begegnung nach.
Wie fühlt sich dein Körper an?
Empfindest du ein Gefühl oder eine Stimmung, die du beschreiben kannst?
Kommen dir Gedanken oder Fragen, die sich formulieren lassen?
Mach dir Notizen, wenn du willst.

Für mich wird in dieser Episode der Kern des Konzeptes der Achtsamkeit deutlich. Es geht dabei um das Gewahrwerden des eigenen Da-Seins im gegenwärtigen Moment. Körperempfindungen, Gefühle und Gedanken treten in den Fokus der Aufmerksamkeit. Der Samurai spürt seine momentane Wut und die damit verbundene Körperspannung. Dank der Unterstützung durch den Lehrer nimmt er bewusst seine Gefühle, Gedanken und seine automatische aggressive Reaktion im Moment ihres Entstehens wahr. Was geschieht damit? Im Moment, da er sie wahrnimmt, verändern sie sich. Das Bewusstsein dessen, was sonst zwar nicht unbemerkt, aber doch ohne bewusste, vom Handeln losgelöste Betrachtung geschieht, dieses Bewusstsein hat transformierende Kraft und kann im Handumdrehen die Hölle in den Himmel verwandeln.

Wie kann das sein? Ist es wirklich nur das reine Gewahrsein, das todbringende Aggression in hochachtungsvolle Dankbarkeit verwandelt? Sicher nicht. Es ist die Haltung, aus der heraus wir uns der aktuellen Wirklichkeit gewahr sind, die das Potenzial für die Verwandlung weckt. Ist diese geistige Haltung, in der unser Bewusstsein alle Wahrnehmungen empfängt, von nicht abwertender, liebevoll-begleitender Zuwendung und Achtung bestimmt, kann alles, was in den Raum der Aufmerksamkeit tritt, mit Offenheit und freundlich-interessierter Gelassenheit akzeptiert werden. So empfehlen es die Weisheitslehrer.

Alle Körperempfindungen, Sinneseindrücke, Gefühle und Gedanken mögen wir, so lautet ihre Empfehlung weiter, als sich ständig wandelnde Erscheinungen der Wirklichkeit begrüßen. Das ist das Ziel, der Weg und in gewisser Weise auch die Voraussetzung für achtsames Gewahrsein. Auch die eigenen Gefühls-, Denk- und Handlungsgewohnheiten werden dann mit dieser Offenheit wahrgenommen, jedoch ohne dass dabei dem Impuls zur konditionierten, quasi automatischen Reaktion nachgegeben wird. Der Mönch verspürt vermutlich den instinktiven Impuls, sich abzuwenden oder sich zu ducken, als er die Hand des Samurai zum Schwert greifen sieht. Da er seine Aufmerksamkeit, Selbstwahrnehmung und Reaktionsweise in Jahren der Schulung kultiviert hat, kann er sich in diesem für die Weitergabe der Lehre so günstigen Moment aber anders entscheiden. Er lässt einen Raum zwischen der Wahrnehmung der Gefahr und seiner Reaktion entstehen. In diesem Raum trifft der Mönch eine bewusste Entscheidung. Er schlüpft nicht in die Rolle des Opfers, sondern er bleibt in der Rolle des Lehrers. »Das ist die Hölle«, sagt er. Der beleidigte Samurai, der bislang nicht anders konnte, als seine gekränkte Ehre automatisch und blitzschnell mit einem Gegenangriff zu verteidigen, wird sich dadurch seiner Abhängigkeit von diesem gewohnten, destruktiven und zuweilen unsinnigen Reaktionsmuster bewusst. Dabei ist es die achtsame Haltung des Mönchs, die dem Krieger diese Befreiung ermöglicht. Der Erkenntnisraum öffnet sich für ihn dadurch, dass der Mönch selbst nicht auf die Bedrohung reagiert. Er zieht sich weder zurück, noch verteidigt er sich, sondern er begleitet und reflektiert diese für ihn potenziell tödliche Situation achtsam. Das heißt, er bleibt gelassen, zugewandt und kommuniziert das, was geschieht, obwohl er dabei gut und gerne seinen Kopf verlieren könnte und zwar im wahrsten Sinne des Wortes. Doch damit nicht genug, als sich der Samurai, von der Erkenntnis ergriffen, dankbar verneigt, bestätigt und bekräftigt der Lehrer diesen Entwicklungsschritt seines Schülers. »Und das, mein Lieber ist der Himmel«.

In der Haltung der Achtsamkeit richtet sich der Fokus unserer Aufmerksamkeit auf den gegenwärtigen Moment. Unser Bewusstsein wird der Empfindungen aus der Umgebung sowie der eigenen Körperempfindungen, Gefühle und Gedanken gewahr. Gelassen und freundlich akzeptierend schenken wir diesen Wahrnehmungen Aufmerksamkeit und lassen sie dann sein, indem wir den Fokus der Aufmerksamkeit sich wieder öffnen lassen für das Erleben des nächsten Moments.

Wege in die achtsame Gegenwärtigkeit

Verschiedene Schulen der Persönlichkeitsentwicklung haben Methoden erarbeitet, die helfen, eine achtsame Haltung gezielt zu entwickeln. Zu den überlieferten zählen buddhistische Meditationsformen, aber auch der hinduistische Yoga, das daoistische Qigong sowie Formen der muslimischen, kabbalistischen und der christlichen Meditation und Kontemplation. Jede der großen Religionen hat ihre Methode beigesteuert. Allen ist die Fokussierung der Aufmerksamkeit im gegenwärtigen Moment, das Halten der Konzentration über eine gewisse Zeit und eine nicht abwertende, wahrnehmende und offen-akzeptierende Geisteshaltung gemein. Achtsamkeit wird dabei oft in Verbindung mit regelhaften Bewegungen praktiziert wie beim Tanz der Sufis, bei rituellen Verbeugungen oder im Qigong und Taijiquan. Alle Achtsamkeitsmethoden führen das Bewusstsein in den Zustand der Gegenwärtigkeit, in dem die Sinneseindrücke, die Emotionen und Gedanken bewusst wahrgenommen und akzeptiert werden können.

Achtsame Gegenwärtigkeit lässt sich aber auch in alltäglichen Handlungen wie beim Gehen, Zähneputzen, Duschen oder beim Warten an der Verkehrsampel praktizieren. Werden die Qualitäten dieser Haltung in den Alltag integriert, haben sie das Potenzial, das Verhältnis einer Person zu sich selbst, zu ihren Mitmenschen und zu ihrer Lebenswelt zu formen. Unabhängig von Methode und Ort – immer schließt die Praxis der Achtsamkeit die Anwesenheit der Aufmerksamkeit im gegenwärtigen Augenblick ein. Das Erleben im Hier und Jetzt ist entscheidend. Dabei ist das direkt sinnliche Wahrnehmen, das unmittelbare Er-Leben gefragt. Erinnerungen, Vorstellungen, Konzepte, Gefühle, Werturteile und Meinungen werden dabei als mentale Erscheinungen zur Kenntnis genommen, die zwar Interpretationen der Wirklichkeit darstellen, jedoch nicht mit ihr identisch sind. Wird dabei das Abschweifen der Aufmerksamkeit vom gegenwärtigen Augenblick in Gedanken und Vorstellungen hinein bemerkt, können Atem und Körper, die immer im Jetzt existieren, als Fokus der Aufmerksamkeit dienen. Diese Zentrierung nach innen ist allerdings nicht als Flucht vor der Welt gemeint. Achtsames Selbstgewahrsein ist vielmehr als Voraussetzung für und zugleich als Ausübung von Selbstwertschätzung und Verantwortlichkeit zu verstehen. Und wer Verantwortung für sich selbst übernimmt, wird wahrscheinlich auch nach außen in einer verantwortlichen Art und Weise handeln können.

*Eine einfache und wirkungsvolle Methode, um die eigene Aufmerksamkeit aus
Routineabläufen zu befreien und frisch zu halten, besteht darin, öfter, wenigstens
einmal im Monat, einen ungewohnten Weg zu gehen oder zu fahren.
Aus Gewohnheit tendieren wir dazu, im Alltag immer die gleichen Wege zu benutzen.
Dabei reduziert sich unsere Wahrnehmung auf die gröbsten Reize.
Wir bewegen uns dann wie von einem Autopiloten gesteuert.
Unbekannte Wege dagegen regen unsere Aufmerksamkeit zu einer wachen und
frischen Wahrnehmung an.*

*Was begegnet dir, wenn du neue Wege gehst?
Was nimmst du auf dem Weg wahr? Welche Details fallen dir auf?
Hast du ein Gefühl für die andere Qualität deiner Wahrnehmung?
Wie bewegst du dich in dem neuen Umfeld?
Spürst du Unterschiede?
Wenn ja, welche nimmst du wahr und wo?
Fühlt sich dein Körper anders an? Wo und Wie?
Gibt es neue Empfindungen und Gedanken?* besser Anshalten, was kommt
*Spüre genauso wach und interessiert, wie du nach außen schaust,
in dich und deinen Körper hinein.
Sammle deine Erfahrungen von frischer Wahrnehmung auf diesen neuen Wegen
und experimentiere dann damit,
wie du sie auch auf bekannten Wegen erwecken kannst.
Schau, ob du Unterschiede feststellst, wenn du dich in einer Stadtumgebung
oder in der Natur bewegst.*

Kleine Kinder entdecken ihre Welt mit der gleichen frischen und in der Gegenwart präsenten Aufmerksamkeit, wie wir sie in unbekannten Gefilden erleben.
Dabei erweitern sie den Radius ihrer Entdeckungen Schritt für Schritt. Wir
Erwachsenen können die Kinder dabei begleiten und ihnen Entdeckungs-
räume eröffnen. Wenn wir unser Leben mit den Kindern als eine Entdeckungs-
reise verstehen und uns dabei vom kindlichen Entdeckergeist inspirieren
lassen, kann das dazu beitragen, dass wir unser ganzes Leben wie eine wun-
dersame Reise leben, auf der es unendlich viel zu erleben und entdecken gibt.

Das Ganze

Eine der schönsten Möglichkeiten zur achtsamen Entdeckung der Wunder des Lebens ist das Sitzen in Stille. Dabei begibt man sich auf anfangs bekannt erscheinende Wege, die, je genauer wir sie spüren und wahrnehmen, immer interessanter und voller Entdeckungsmöglichkeiten werden. Wenn Sie das Experiment interessiert, dann planen Sie am besten für drei Tage hintereinander jeweils 20 Minuten Zeit dafür ein:

SITZEN IN STILLE

Sorge für einen ruhigen Raum,
stell dein Telefon auf lautlos und setz dich aufrecht hin.
Ein Stuhl oder das Kissen am Boden sind ideal, wenn sie dir eine würdevolle Haltung
ermöglichen, bei der deine Wirbelsäule sich möglichst selber hält und trägt.

Du schließt deine Augen oder lässt sie eben so weit offen,
dass gerade noch Licht nach drinnen scheinen kann.
Dann richtest du deine Aufmerksamkeit nach innen, in deinen Körperraum.
Erkunde deinen Körperraum mit deiner Aufmerksamkeit, wie du eine Höhle im Licht
einer Lampe erkunden würdest.
Geh in alle Räume und Winkel.
Und wenn du alles gesehen hast, stell dir vor,
deine Augen hätten sich so an das Dunkel gewöhnt,
dass du jetzt den kompletten Höhlenraum überblicken kannst.
Du schaust und nimmst die ganze Höhle wahr.

Dabei bemerkst du Bewegungen.
Vielleicht bewegen sich deine Augen oder deine Zunge.
Dein Herz schlägt.
Dein Atem bewegt sanft den ganzen Körper.
Jeder Einatemzug ist mit einer Bewegung verbunden und jeder Ausatemzug auch.
Du begleitest mit deiner Aufmerksamkeit den Rhythmus dieser Bewegungen.
Dabei musst du nichts tun oder verändern.
Der Atem fließt, wie er fließt, und du begleitest dieses Fließen.
Atemzug für Atemzug.
Vielleicht bemerkst du nach einer Weile, dass dein Geist Gedanken erzeugt
und dass deine Aufmerksamkeit sich dann diesen Gedanken zuwendet.

Sie verlässt den Atem und denkt die entstandenen Gedanken weiter.
Immer, sobald du das bemerkst, hast du die Möglichkeit, dir den aktuellen Gedanken
anzuschauen und zu entscheiden, ob du ihn weiterdenken möchtest,
oder ob du ihn wie eine Wolke am Himmel ziehen lässt
und die Aufmerksamkeit zurücklenkst zum Atem und zum Körper.

Wieder und wieder begleitest du das Entstehen eines Gedanken.
Du bemerkst, wie deine Aufmerksamkeit dazu tendiert,
den entstandenen Gedanken fortzuführen und weiterzudenken.
Dein Geist füttert die Gedanken mit Aufmerksamkeit.
Du kannst das zulassen und wahrnehmen, wohin ein Gedanke sich entwickelt.
Du kannst den Gedanken aber auch ziehen lassen, indem du deine Aufmerksamkeit
sanft, aber bestimmt zum Atem und zum gegenwärtigen Gewahrsein zurückführst.
Damit öffnest du den Wahrnehmungsraum für das,
was als nächstes darin erscheint.
Das kann eine Körperwahrnehmung sein, ein Geräusch, ein inneres Bild,
ein nächster Gedanke oder auch ein Gefühl.
Lade alles ein in den Raum deiner Wahrnehmung.
Begegne allem als ein freundlicher Gastgeber, zugewandt, aufmerksam, wach,
freundlich und ohne Besitzansprüche.

Auf diese Weise lernst du deine innere Landschaft gut kennen.
Wenn du mit Langmut für eine Weile still sein kannst, zeigen sich vielleicht auch die
seltenen und scheuen Wesen, die deine innere Welt bewohnen.
Lass dich überraschen.

20 Minuten sind oft eine gute Zeit für dieses Sitzen in Stille.
Wenn du die Zeit beenden möchtest,
dann tu das am besten mit einem kleinen Ritual.
Vielleicht magst du dich verneigen und dir gratulieren,
dass du dir selbst Zeit, Aufmerksamkeit und Zuwendung geschenkt hast.
Und wenn es dir dann nach Räkeln, Strecken oder Gähnen zumute ist,
dann gib dem nach.

Wiederholen Sie dieses Sitzen in Stille an den nächsten zwei Tagen. Wenn Sie das Gefühl haben, sich damit gut zu tun, dann behalten Sie es bei.

Kohärenz

Der israelische Medizinsoziologe Aaron Antonovsky hat intensive Gespräche mit Überlebenden der faschistischen Konzentrationslager geführt, die trotz schrecklichster Erfahrungen als Gefangene später gesund und glücklich lebten. Er fand bei ihnen drei gemeinsame Merkmale: Sie konnten die Ereignisse ihres Lebens verstehen, sie erlebten ihre Lebensumstände als handhabbar und gestaltbar und sie fanden Sinn in ihrem Leben.[9]

Wenn wir das, was uns begegnet und umgibt, glauben zu verstehen, wenn wir auf die Dinge, die Beziehungen und den Verlauf unseres Lebens gestaltend einwirken können und wenn wir darin Sinn finden, dann sind wir in der Lage, selbst wenn wir Schreckliches erleben mussten, danach wieder gesund und lebensfroh zu sein. Antonovsky nennt das entstehende Grundgefühl *Sinn für Kohärenz*. Er geht in seiner Theorie vom Kohärenzsinn davon aus, dass ihn jeder Mensch aufgrund seiner frühen Erfahrungen bis zum Jugendalter in einem bestimmten Ausmaß entwickelt. Danach bleibt dieser dann relativ stabil und bildet eine Basis dafür, wie wir uns in der Welt empfinden und verhalten. Je größer das Kohärenzgefühl ist, das jemand in der Kindheit verinnerlicht, desto besser sind die Voraussetzungen für diese Person, glücklich und gesund zu leben.

Es liegt an uns als Eltern und Lehrer, die Bedingungen für die Entwicklung eines guten Kohärenzgefühls bei unseren Kindern zu schaffen. Grundlegend dafür ist natürlich die Pflege unserer liebevollen, achtenden und verlässlichen Beziehung zum Kind. Das Erleben von Zuwendung, Zärtlichkeit, Einfühlung und Rücksicht gestaltet nicht nur die Beziehung zwischen dem Kind und uns, es ist auch Modell für die sich entwickelnde Beziehung des Kindes zu sich selbst und zu anderen. Der Umgang der Eltern und Lehrer mit dem sich freuenden, dem ungeduldigen oder traurigen Kind bildet für dieses das Vorbild und die Basis für den eigenen Umgang mit Gefühlen. Ermutigung und Bestätigung stärken die kindliche Persönlichkeit und ermöglichen ihr, diese Fähigkeiten sich selbst gegenüber auszubilden und auszuüben. Auf der Grundlage liebevoller Zuwendung werden wir auch die Regeln des Zusammenlebens für unsere Kinder nachvollziehbar gestalten. Auf der Basis achtungsvoller Beziehungen lassen sich Lernräume gestalten, in denen das Kind die Welt der Erscheinungen, der Wunder und Regeln so erfährt, dass es sie begreifen und verstehen kann, dass es sich in diesen Räumen weder gefangen fühlt noch verloren, sondern sich als handhabend und gestaltend erlebt und dass es erlebt, wie Sinn gefunden werden kann.

Natürlich lernen Kinder vor allem außerhalb gestalteter Lernräume. Doch Lernen findet auch im Rahmen von Familie, Kindergarten und Schule statt. Und hier sind wir als Erwachsene aufgerufen, Wegweiser zu sein, indem wir Bedingungen schaffen, die dem Lernen im Sinne von Verstehen, Handhaben können und Sinn finden nicht im Wege stehen und dieses altersgerecht unterstützen. Wenn Kinder in geschützten Lernräumen so lernen können, haben sie gute Voraussetzungen, die hier gemachten Erfahrungen auch auf die Welt außerhalb dieser Räume übertragen zu können.

Lernen als Pflicht oder Spiel?

Bei der Gestaltung von Lernräumen und Lernsituationen treffen wir unbewusste und bewusste Entscheidungen. Je nach Qualität dieser Entscheidungen entstehen Lernsituationen, die die Entwicklung verschiedener Anlagen und Fähigkeiten fördern oder behindern. So begünstigt die traditionelle Schule über Jahrhunderte das Zurückstellen eigener Interessen und Bedürfnisse, um Regeln zu verstehen und zu befolgen, die von äußeren Autoritäten in Gestalt der Lehrer und der »Ordnung« aufgestellt wurden. Geübt wurde das Erfüllen von Arbeitsaufträgen nach einem vorgegebenen Muster in einer vorgegebenen Zeit. Je besser und schneller das gelang, desto größer war die Anerkennung von außen. Generationen von Menschen sahen den Sinn ihres Lebens in der Erfüllung von äußeren Pflichten, die oft so verinnerlicht waren, dass sie diese gar nicht mehr als ursprünglich von außen und gegen ihre Interessen auferlegt empfanden.

Als Eltern unterstützen wir solch selbstentfremdetes Lernen und Leben, wenn wir die Erfüllung von auferlegten Aufgaben und Pflichten zum alleinigen Maßstab für die Erfolge und den Entwicklungsfortschritt unserer Kinder ansehen und durch Lob, Zuwendung oder sogar Geldgaben verstärken. Natürlich gehört es zum Lernprozess junger Menschen, Pflichten zu erfüllen und von außen gestellten Anforderungen gerecht zu werden. Dies zu lernen ist sinnvoll und wichtig, das steht außer Frage. Doch mindestens genauso wichtig für ein glückliches und erfülltes Leben ist zugleich der Erhalt und die Kultivierung der eigenen, ganz persönlichen Interessen, der kreativen Fragen und Ideen. Wenn Kinder lernen, wie sie diesen Schatz in ihrem Innern wahrnehmen, heben und zur Entfaltung bringen können, werden sie sich gerne in die Gemeinschaft einbringen.

> Es gehört zu unseren schönsten Aufgaben, Kinder im Wunsch nach Entfaltung und Äußerung ihrer Talente zu bestärken. Wir ermutigen und befähigen sie dann dazu, ihre ganz persönliche Stimme zum Chor der Gemeinschaft beizutragen.

Wenn Sie herausfinden möchten, ob Sie selbst einer verinnerlichten Stimme gehorchen, deren Anweisungen vielleicht Ihren ureigenen Interessen widersprechen, gönnen Sie sich Zeit und Muße, um sich innerlich bei ihrem Denken und Tun zu begleiten.

===== GEHORCHE ICH EINEM INNEREN »DIKTATOR«? ———

Fallen dir im Alltag spielerische Fragen ein,
die nicht direkt mit deinen Aufgaben zu tun haben?
Verfolgst du jemals Ideen, die nicht unbedingt »nützlich« sein müssen?
Wie viel Spielraum nimmst du dir für Denken und Tun,
das nicht zu einem abrechenbaren Erfolg führen muss?
Wie erlebst du dich, wenn ein Projekt ohne Ergebnis bleibt oder scheitert? —
Wie verläuft dein innerer Dialog dann? Was sagst du dabei zu dir? —
Erinnern dich diese Worte und Sätze dann an Menschen aus deiner Vergangenheit?
Freuen dich diese Kommentare und ermutigen sie dich zu weiteren spielerisch-
freudvollen Erkundungen?

Vielleicht bemerken Sie bei diesem Experiment, dass Sie nicht immer nur freundlich und ermutigend mit sich umgehen. Vielleicht erinnern Sie die Worte, die Sie dann innerlich zu sich selbst sprechen, an Worte, mit denen Sie als Kind gemaßregelt und abgewertet wurden. Wir führen diese Selbstgespräche schon so lange und so automatisch, dass wir uns dessen kaum bewusst werden. Der französische Philosoph und Psychologe Michel Foucault beschrieb, wie wir im Laufe unserer Sozialisierung die, wie er sie nennt, »Zwangsmittel der Macht«, die ursprünglich andere Menschen auf uns anwenden, verinnerlichen.[10] Wir übernehmen das Wertegefüge unserer Peiniger und werden damit zu unserem eigenen Diktator, ohne uns dessen bewusst zu sein.

Es gibt Menschen, die ein Leben lang mit sich hadern, weil sie Erwartungen nicht perfekt erfüllen, die eigentlich gar nicht ihre eigenen sind. Dieser *innere Diktator* kann krank machen. So weist das Entstehen von chronischen Erkrankungen oft Aspekte einer verinnerlichten Reglementierung auf. Wer seit frühester Kindheit ermahnt wurde, sich ordentlich und fromm zu verhalten und wer bei Übertretungen dieser Order immer wieder gemaßregelt und bestraft wurde, wird mit großer Wahrscheinlichkeit gelernt haben, die eigene Lebendigkeit unterdrückt zu halten.

Die vitalen Impulse, die sich zuweilen auch einmal raumgreifend, fröhlich oder zornig laut äußern möchten, werden dann so dauerhaft und perfekt im Zaun gehalten, dass wir ihre Regungen nicht mehr bewusst wahrnehmen. Wie mit einer inneren Faust halten wir dann alles fest, was springen, lachen, sprudeln möchte, was lustvoll sich gebärden, beißen, kratzen, schreien, und strampeln will. Und je nachdem, welche Muskeln wir so dauerhaft zur Faust geballt halten, stellen sich früher oder später organische Beschwerden und Erkrankungen ein. Wer die Faust im Becken-, Gesäß- und Genitalbereich ballt, wird eher unter Rückenschmerzen, Lustlosigkeit oder Verstopfung leiden. Wer sich im Bauchbereich zusammenreißen muss, beeinträchtigt die Verdauung. Wer sich im Brustbereich dauerhaft zurücknimmt oder stolzgeschwellt sein muss, erhält damit Spannungsmuster aufrecht, die einen weichen, weiten Fluss des Atems oder/und einen variabel lebendigen Herzrhythmus stören.[11] Wem der innere Diktator die Arme und Hände gebunden hält, der leidet unter Verspannungen und Gelenksbeschwerden in Schultern, Nacken, Hals und Kopf.

Wir haben aber immer die Chance, Zweifel an der Richtigkeit der inneren Diktatur zu entwickeln und uns von ihr zu befreien. Wir können das allein versuchen oder mit Begleitung. In beiden Varianten wachsen unsere Chancen auf Heilung mit dem achtsamen Gewahrsein, das wir dabei kultivieren. Wenn uns das gelingt, dann können wir selbst Krankheit und Alter als Anlässe für unsere Weiterentwicklung nutzen. Aber so lange müssen wir nicht warten.

Das Rad des Leides stoppen

Wie können wir unsere Kinder bei der freudvollen Kultivierung ihrer Interessen und Potenziale unterstützen, wenn wir selbst jahrelang zu Gehorsam und Pflichterfüllung gedrillt wurden? Wie können wir in ihnen Gemeinschaftsgefühl, Großzügigkeit und Verantwortungsbereitschaft wecken und fördern, wenn wir selbst in einem Geiste groß geworden sind, der von Mangelempfinden, Enge, Neid und Eigennutz oder von egoistischem Hedonismus geprägt war? Wie können wir liebevolle und achtsame Beziehungen zu unseren Kindern pflegen, wenn wir selbst als Kinder Misshandlung, Angst, emotionale Kälte und Hilflosigkeit erlitten haben?

Können wir verhindern, dass wir das Leid, das unsere Kindheit geprägt hat, an die nachfolgende Generation weitergeben? In meiner Arbeit in der Klinik für Naturheilkunde und Integrative Medizin[12] begegne ich immer wieder Menschen wie Irina, die als Kinder körperlich oder emotional verletzt wurden. Als Erwachsene handeln sie dann sich selbst und ihren Kindern gegenüber hart und bisweilen auch grausam. Irina wurde als Mädchen oft allein gelassen, geschlagen und später auch sexuell missbraucht. Heute, mit 46 Jahren, leidet sie unter chronischen Schmerzen. Sie überfordert sich täglich körperlich in ihrem Beruf als Altenpflegerin. Von rückengerechtem Heben und Tragen hat sie zwar gehört, wendet es jedoch in ihrem Alltag nicht an. Sie lebt in einer Beziehung zu einem alkoholabhängigen Mann, der sie schlägt. Von ihren Kindern erwartet und verlangt sie gutes Benehmen und Erfolg in der Schule, damit sie es einmal besser haben als sie. Werden diese Erwartungen nicht erfüllt, straft sie ihre Tochter und ihren Sohn mit harten Worten und Liebesentzug. Ihre Schmerzen, die früher kamen und gingen, sind im letzten Jahr zu zermürbenden Dauerschmerzen geworden, die durch den Körper wandern und die es ihr unmöglich machen, ihr Leben wie bisher zu leben.

Seit einem halben Jahr ist sie krank geschrieben und nimmt nun zusammen mit zwölf anderen Menschen mit ähnlichen Beschwerden an einem tagesklinischen Gruppenprogramm teil. Zum Kern des zehnwöchigen therapeutischen Angebotes gehört die Einladung, sich täglich zu Hause eine halbe Stunde Zeit für sich zu nehmen und mit sanften Yogaübungen, einfachen Qigongbewegungen, Meditationen und einem strukturierten Tagebuch sich selbst Aufmerksamkeit und Zuwendung zu schenken. In den zehn Wochen gelingt das Irina mal mehr, mal weniger regelmäßig. Sie selbst und die anderen TeilnehmerInnen der Gruppe berichten dabei jedoch immer wieder von wohltuenden und heilsamen Erlebnissen, die sich einstellen, wenn sie den Raum und die Zeit dafür schaffen. Nach acht Wochen hat Irina ein deutliches Gespür dafür entwickelt, wann sie im Alltag mit ihrer Aufmerksamkeit bei sich ist. Sie nimmt dann wahr, welche Haltung und Bewegungen ihre Schmerzen verstärken und kann immer häufiger Alternativen wählen, die ihre Gelenke weniger belasten. Sie berichtet auch von einer Situation, als ihr zehnjähriger Sohn ihr ausführlich von einem Erlebnis in der Schule erzählte und sie bemerkte, wie sie innerlich ungeduldig ihn dazu bewegen wollte, seine Erzählung auf den Punkt zu bringen. In dem Moment, als sie sich dessen bewusst wurde, konnte sie sich, so beschrieb sie es mit Freudentränen in den Augen, innerlich entspannen und ihm ganz bewusst zuhören. In dieser Zuwendung erlebte sie sich und ihn so innig und liebevoll verbunden wie seit langer Zeit nicht mehr.

> Das Rad des Leides zieht seine schmerzvollen Kreise von Generation zu Generation, wenn wir es nicht stoppen. Das Leid, das wir erfahren haben, wurde dabei vom Leid genährt, das unsere Eltern und Großeltern erlebten. Der Ursprung des Leides verschwindet daher für uns unergründlich im Dunkel der Menschheitsgeschichte. Im Licht unserer Gegenwart und nur hier sind wir jedoch in der Lage, dieses Rad deutlich zu sehen und anzuhalten.

Den Blick und die Aufmerksamkeit richten wir dabei nach innen. Im Innern sehen wir, aus welcher Haltung heraus wir in Beziehung zu unseren Kindern, Partnern, Freunden, Kollegen und zu unbekannten Menschen Leid erzeugen und wie wir uns selbst gegenüber abwertend und verletzend verhalten. Diese Erkenntnis kann sehr schmerzhaft sein, angenehm ist sie nie. Und doch ist sie von großem Wert. Denn wenn es uns gelingt, die Beziehung zu uns selbst liebevoll zu gestalten, legen wir damit auch die Basis für die Gestaltung der Beziehungen zu unseren Kindern. Nicht selten sind es Erfahrungen von Krankheit, chronischen Schmerzen oder Tod, die eine solche Besinnung und Transformation veranlassen. Aber auch die Geburt eines Kindes bietet eine – wunderbar freudvolle – Gelegenheit dazu.

Freundlichkeit

Wollen wir den Kindern, uns selbst und der Welt gegenüber Freundlichkeit kultivieren, ist es sinnvoll, dass wir den Kontakt zu freundlichen Menschen suchen. Sie laden uns ein, liebenswürdiger zu sein und zeigen uns, wie Freundlichkeit gelebt werden kann. Wir können uns dann ein Experimentierfeld eröffnen, wo wir mit Fantasie und Einfallsreichtum im Alltag nach Möglichkeiten suchen, scheinbar grundlos Freundlichkeit walten zu lassen. Die Weitergabe unseres noch nicht abgelaufenen Parkscheins an jemanden, der gerade auf den Parkplatz fährt, wenn wir ihn verlassen, ist eine von unendlich vielen Möglichkeiten. Durch freundliches Handeln schaffen wir Freundlichkeit in unserer Welt und laden zu weiteren Freundlichkeiten ein. Kinder sind Meister im Verschenken von grundlosen Akten der Freundlichkeit. Und sie sind oft auch empfänglich für ein grundlos freundliches Lächeln auf der Straße und erwidern es gern.

========= GRUNDLOSE TATEN DER FREUNDLICHKEIT ===========

Wenn du magst, probier beim nächsten Weg nach draußen aus, wie Menschen auf ein Lächeln von dir reagieren.

Nimm dabei auch wahr, wie du selbst dich fühlst.

Wenn du Gefallen daran findest, denke dir weitere Freundlichkeiten aus:

ein Brief an einen alten Bekannten, ein grundloser Anruf bei der Großcousine oder ein Besuch bei deiner längst pensionierten Grundschullehrerin.

Auch gemeinsam mit Kindern lassen sich solche Ideen zu einer Kultur der freundlichen Taten entwickeln. Im Internet existiert bisher vor allem auf Englisch unter dem Begriff »Random Acts of Kindness« ein ganzes Netzwerk der gegenseitigen Ermutigung dazu.[13]

Freundlichen Menschen gegenüber fällt es uns natürlich leichter, freundlich zu sein, als zu unfreundlichen. Vielleicht gilt das auch nach innen. Je freundlicher ich mich selbst erlebe, desto freundlicher kann ich mir gegenüber sein. Wir können damit experimentieren und schauen, ob das für uns stimmt. Ein gangbarer Weg dafür kann sein, sich selbst jeden Tag bewusst Zeit, Aufmerksamkeit und Zuwendung zu schenken. Dabei gelten 20–30 Minuten pro Tag als ein realistisches Maß für die ersten Monate eines solchen Experiments. Später kann die Zeit je nach Vorliebe und Bedarf verlängert oder verkürzt werden. Genau wie eine Freundschaft zu einem äußeren Freund dadurch gekennzeichnet ist, dass wir immer wieder gemeinsam Zeit verbringen, in der wir uns gegenseitig Aufmerksamkeit und Zuwendung schenken, verhält es sich auch mit der inneren Freundschaft. Wenn wir gern mit uns selbst Zeit verbringen, lässt sich das als ein Zeichen für eine stabile innere Freundschaft deuten.

Möglichkeiten zur Kultivierung des inneren Freundes gibt es viele, z.B. das Sitzen in Stille. Die folgenden Kapitel geben weitere Anregungen. Einige der vorgestellten Experimente sind dabei in zwei Richtungen anwendbar und wirksam: nach innen zur Kultivierung des inneren Freundes und nach außen als Anregungen zum gemeinsamen Erleben und Entdecken mit unseren Kindern und SchülerInnen.

> Ob und in welcher Weise wir selbst als Kinder liebevoll und freundlich behandelt wurden, können wir nicht beeinflussen. Als Erwachsene haben wir jedoch täglich Einfluss darauf, wie sich unsere Freundschaft zu uns selbst weiterentwickelt. Eine tragfähige innere Freundschaft bildet die Basis für die Gestaltung liebevoller und achtsamer Beziehungen zu unseren Kindern.

Die spiralige Landkarte des Lebens

Die nachfolgenden Kapitel und Experimente dieses Buches folgen einer Ordnung, die sich an den wichtigsten Dimensionen unseres Menschseins orientiert: unserem Körper und den Sinnen, den Gefühlen und Gedanken, unseren Beziehungen miteinander, die wir mehr oder minder pflegen, unsere Selbstsorge im Kontext der Welt, die uns umgibt, der Sorge für den Erhalt unserer ökologischen Lebensgrundlagen sowie unserer transpersonalen oder spirituellen Seite. Dabei kann uns unsere Spiritualität zu einer integralen Sicht der Welt führen, die alle Erscheinungen als Teile einer großen Einheit sieht. Diese Abfolge entspricht der möglichen Entwicklung von Menschen, so wie sie sich vom Fötus und Säugling bis hin zum reifen und vielleicht sogar weisen Menschen vollzieht oder vollziehen kann. Auf der höchsten Stufe wird, so berichten die Lehrmeister, das Bewusstsein der Einheit von und mit allem zum bestimmenden Lebensgefühl. Darin ähnelt diese letzte Dimension in gewisser Weise der ersten, in der das frühkindliche Bewusstsein in noch ungeteilter Ganzheit ruht. Der an der Welt der Erwachsenen leidende Friedrich Hölderlin sehnte sich zurück nach dieser Ganzheit eines Kindes:[14]

Es ist ganz, was es ist, und darum ist es so schön.
Der Zwang des Gesetzes und des Schicksals betastet es nicht;
im Kind ist Freiheit allein.
In ihm ist Frieden; es ist noch mit sich selber nicht zerfallen.
Reichtum ist in ihm; es kennt sein Herz,
die Dürftigkeit des Lebens nicht.
Es ist unsterblich, denn es weiß vom Tode nichts.

Der Weg zurück bleibt uns verschlossen. Wir können aber als Erwachsene unser inneres Leben so transparent werden lassen, dass der leuchtende Schatz der kindlich ganzen Gegenwärtigkeit aus der Vergangenheit in unsere Gegenwart hineinscheint. Dann begegnen wir uns selbst und den Kindern zugewandter und liebevoller. Das ist das Ziel. Als Wegweiser dorthin begleitet uns das Bild einer sich öffnenden Spirale, auf der sich die verschiedenen Aspekte unseres Lebens voneinander unterscheiden lassen, zugleich aber auch nahtlos miteinander verbunden sind. In der Spiralform lässt sich diese Qualität der Untrennbarkeit einzelner, unterscheidbarer Aspekte oder Kreise am besten abbilden. Ein Gefühl wie z.B. Freude ist nicht identisch mit dem Körper, jedoch untrennbar mit körperlichen Vorgängen wie einem bestimmten Gesichtsausdruck, einer charakteristischen körperlichen Haltung, einem bestimmten Atemmuster sowie mit spezifischen hormonellen Vorgängen und neuronalen Aktivitäten im Gehirn verbunden, die so nur stattfinden, wenn wir Freude empfinden. Achten Sie vielleicht einmal darauf, wie Ihr Gesicht, Ihre Körperhaltung und Atmung sich anfühlen, wenn Sie Freude empfinden. Sie sind sich dann der körperlichen und der emotionalen Aspekte Ihrer Freude bewusst und bemerken zugleich, dass dieses Gefühl auch mit bestimmten Gedanken, Erinnerungen oder inneren Bildern verbunden ist. Dies sind die geistigen oder gedanklichen Elemente, die für Sie mit der Freude einhergehen. Doch damit haben wir die Wirklichkeit noch nicht vollständig abgebildet. Ihre Freude wirkt ja auch auf andere Menschen und letztlich auf die Welt als Ganzes, von der Sie ein Teil sind.

Gleichzeitig wirkt die Welt natürlich auch auf uns. Was und wie wir wahrnehmen, fühlen und denken, wird entscheidend von den Menschen, die uns umgeben sowie von den Spielregeln und Werten unseres Zusammenlebens, von der Kultur und unserer Sprache geprägt. Zum Glück freut und ärgert uns nicht jeder Mensch gleichermaßen. Unsere Gefühle und Gedanken sind untrennbar mit unserer zwischenmenschlichen und sozialen Umwelt verbunden, aber nicht identisch mit ihr.

Wie wir mit den Menschen in unserer Welt leben, ob und wie wir geliebt und wertgeschätzt werden und wie wir selbst lieben und unsere Mitmenschen wertschätzen, trägt ganz grundlegend zu unserem und ihrem Lebensgefühl bei und auch zum Bild von uns selbst und der Welt. Auch hier, in der Beziehung zwischen unseren Gefühlen, Gedanken und unserem sozialen Eingebundensein lässt sich der Übergang am besten als fließend beschreiben. Das Gleiche gilt für den Übergang von unserer zwischenmenschlichen Sphäre zur weiteren kulturellen und gesellschaftlichen Umwelt, die uns umgibt und deren Regeln und Rhythmen uns beeinflussen. Der sich daran anschließende Kreis umfasst die Erde mit ihren Geschöpfen und Kreisläufen, die zusammen die Welt bilden, in der und von der wir leben. Eine unserer Hauptaufgaben in diesem Jahrhundert, das wissen wir, besteht in der Aufgabe, unser Leben so umzugestalten, dass wir auf lange Sicht die ökologischen Bedingungen erhalten und verbessern, die die Lebensvoraussetzungen für Menschen, Tiere und Pflanzen bilden. Die Dimension der ökologischen Verantwortung erhält deshalb auf der Spirale einen eigenen Eintrag. Die daran anschließende transpersonale oder spirituelle Dimension des Menschseins beinhaltet unsere Zugehörigkeit zu größeren Zusammenhängen, die über das Sein des einzelnen Menschen, ja über das Sein der Menschheit und unserer Lebenswelt hinaus weisen. Religiöse, spirituelle und philosophische Themen werden hier interessant. In diesem Bereich des Suchens, Glaubens und sich Zugehörigfühlens zu einem großen Ganzen lassen sich neben fundamentalistischen Ansichten, die nur sich selbst als alleinig wahr und richtig verstehen, auch Schulen und Richtungen finden, die ein integrales Verständnis der Wirklichkeit vertreten. Die integrale Sicht sucht nach Wegen, alle Erscheinungen zu akzeptieren, was nicht heißt, alles gutzuheißen. Der integrale Blick schaut jedoch auf die Einheit, die alles Existierende umfasst. Sie bildet daher den vorletzten Kreis auf unserer Spirale, vor der Einheit.

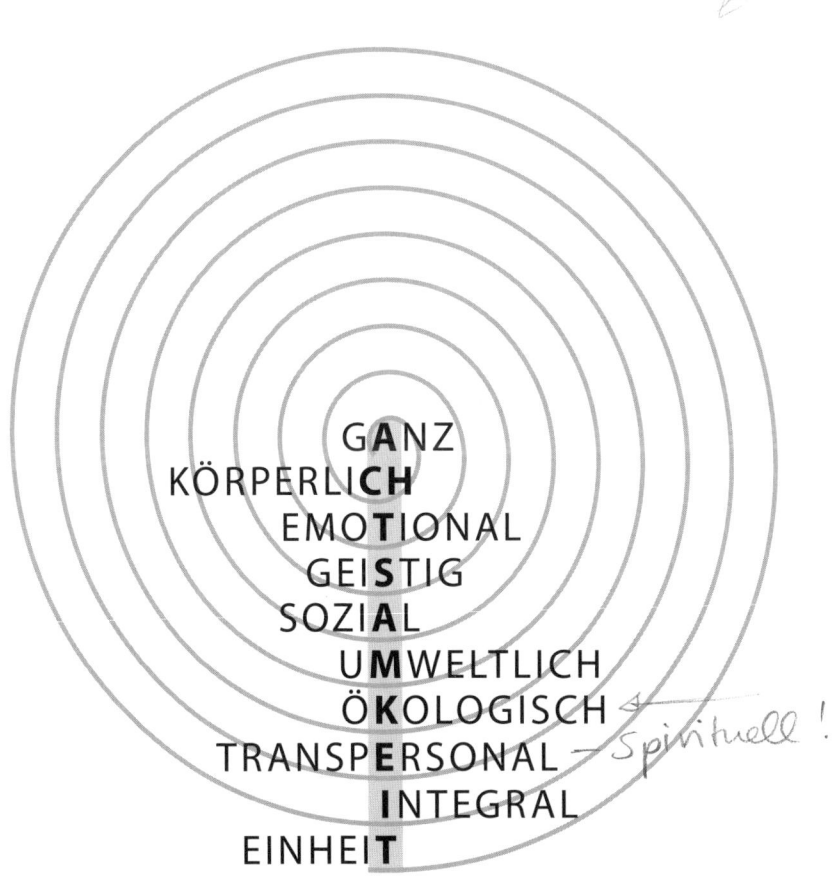

GANZ
KÖRPERLICH
EMOTIONAL
GEISTIG
SOZIAL
UMWELTLICH
ÖKOLOGISCH — spirituell!
TRANSPERSONAL
INTEGRAL
EINHEIT

Entwicklung

Die sich öffnende Spiralform versinnbildlicht noch einen Aspekt des menschlichen Seins, der für unser Thema von Lernen und Lehren zentral ist, nämlich den der *Entwicklung*. Wie etwas, das eingewickelt ist und sich im Laufe der Zeit *ent-wickelt*, so können auch die in uns schlummernden Anlagen im Laufe unseres Lebens zur Entfaltung und zur Blüte kommen, wenn die richtigen Bedingungen gegeben sind. Wunderbar zu sehen, wie Inneres, das zuerst verborgen war, sich in die Welt hinein entwickelt, ist das bei Farnen oder bei Schnecken. Auch bei Schlangen, Seepferdchen und Geigenköpfen ist die Spiralform sichtbar. Schon als Embryonen entwickeln wir uns ähnlich einer sich öffnenden Spirale und auch Galaxien haben diese Form.

Sogar die genetischen Informationen zum Aufbau unseres Organismus, die sich in jeder unserer Zellen befinden, sind spiralförmig angeordnet.

Wir können uns also getrost an der Spirale orientieren, wenn wir uns als Entdecker, Lernende und Lehrende auf unserer Reise entwickeln. Rainer Maria Rilke hat ein ähnliches Bild für die Beschreibung seines Lebensweges verwendet:[15]

> *Ich lebe mein Leben in wachsenden Ringen,*
> *die sich über die Dinge ziehn.*
> *Ich werde den letzten vielleicht nicht vollbringen,*
> *aber versuchen will ich ihn.*

Vom Moment unserer Zeugung an begeben wir uns dabei vom Zentrum der Lebenskreise aus in wachsenden Ringen auf unseren Entwicklungsweg. Zu Beginn erleben wir uns und die Welt als ganz. In den ersten Lebensjahren entdecken wir dann die Welt staunend und mit ursprünglich-sinnlicher Direktheit. Später, als Erwachsene, wird es sinnvoll, uns von Zeit zu Zeit zu vergegenwärtigen, wie wir unseren weiteren Weg gehen möchten. Wenn sich dann die Haltung der Achtsamkeit wie ein roter Faden durch das Labyrinth unseres Weges zieht und wir uns bei Gelegenheit immer wieder für die Fülle und Präsenz des gegenwärtigen Moments öffnen, bleiben unser Herz und Geist frisch und wach auf dieser Reise, und wir können auch weiterhin ungeahnt Wunderbares erleben und entdecken.

Das Ganze

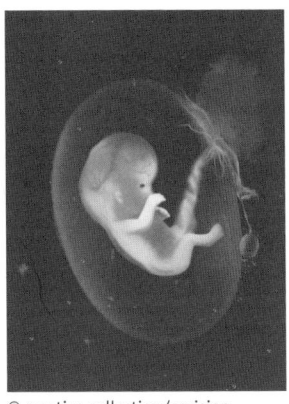

© creative collection/ccvision

© photodisc

© istockphoto/Bill Kennedy

© istockphoto/fotek

© istockphoto/Eric Hood

© istockphoto/ArtmannAitte

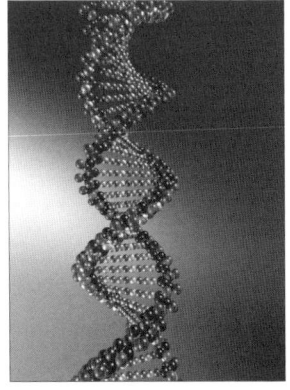

© istockphoto/Jan Kaliciak

Lernen, Achtsamkeit und die Kreise des Lebens

Die Welt in uns

Im Kreis des Körpers

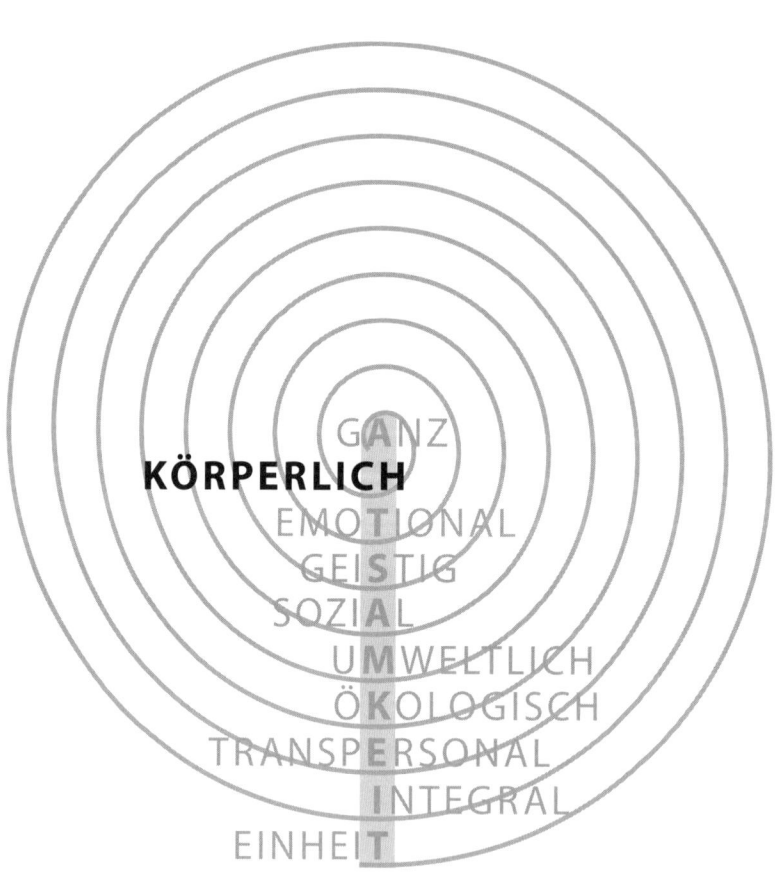

KÖRPERLICH

GANZ
EMOTIONAL
GEISTIG
SOZIAL
UMWELTLICH
ÖKOLOGISCH
TRANSPERSONAL
INTEGRAL
EINHEIT

Das Geschenk

Der menschliche Körper ist etwas Wunderbares. Er wird uns zu Beginn unseres Lebens geschenkt. Dies ist ein solch unglaubliches und grundlegendes Geschenk, dass es uns kaum jemals als ein solches bewusst wird. Vom Moment der Befruchtung an wächst, entfaltet und entwickelt sich dieses Geschenk nach einem inneren Plan. Eben noch hatte meine neugeborene Tochter bequem auf meinen Händen Platz. Eben noch konnte sie mit ihrer winzigen Hand gerade einen meiner Finger umfassen. Kaum zwei Jahre später läuft sie lachend und quietschend vor mir davon, damit ich sie fange. Sie knackt Nüsse, setzt sich selbst die Mütze auf, löst Puzzle und ist so schwer geworden, dass ich besser nicht mehr auf rückengerechtes Heben verzichten sollte. Jeder Tag scheint ihr neue körperliche Fähigkeiten und Möglichkeiten zu eröffnen. Gestern noch war das Schaukelpferd unerklimmbar, heute reitet sie es begeistert in wildem Galopp mit fliegenden Haaren.

In ihren ersten Lebensjahren sind Kinder damit beschäftigt, sich in ihrem Körper und in der Welt einzurichten. Aus der unglaublichen Vielfalt der angelegten Potenziale entwickeln sich, je nach Angebot an stimulierenden und hemmenden Einflüssen, die Fähigkeiten, die sie dann im weiteren Verlauf ihres Lebens beibehalten und ausbauen. Die Kinderzeit ist die Zeit der Fülle. So vielfältig wie z.B. die Bewegungsformen in der Kindheit sind, werden sie nie wieder sein. Krabbeln, Gehen, Rennen, Hüpfen, Klettern, Rollen, Springen, Schaukeln, Tanzen, Schwimmen – all das gehört zum kindlichen Bewegungsrepertoire. Das gilt auch für die Formen der Äußerung und Gestaltung: Brabbeln, Summen, spielerisch Laute erzeugen, Sprechen, Singen, Musizieren, Reimen, Kritzeln, Zeichnen, Formen und Bauen. Alles wird ausprobiert, manches davon beibehalten und vertieft, anderes nicht weiter verfolgt.

Bei allen Betätigungen und Experimenten entstehen und verändern sich körperliche Strukturen. Der im Werden begriffene kindliche Körper wächst in die Welt hinein und wird dabei komplexer und spezialisierter. Am ausgeprägtesten vollzieht sich diese Entwicklung im Gehirn. So nimmt die Anzahl der Nervenverbindungen vor allem in den präfrontalen Regionen hinter der Stirn von der Geburt bis etwa ein Jahr danach um mehr als das Doppelte zu. Dann setzt das sogenannte *Pruning* ein, was im Englischen so viel wie »wegschnippeln« bedeutet. Dabei wird bis etwa zum 13. Lebensjahr je nach Gebrauch die Anzahl der Synapsen um weit mehr als ein Drittel verringert.[16] Von da an reduziert sie sich bis zum Lebensende weiterhin stetig, aber sehr viel langsamer. Je reicher und vielfältiger die Anregungen und Möglichkeiten sind, die wir in unserer Kindheit erhalten, desto mehr Potenzial bleibt erhalten und desto vielseitiger entwickelt sich das Repertoire an Fähigkeiten, mit dem wir dann unser Leben gestalten.

Als Eltern, ErzieherInnen und LehrerInnen liegt es an uns, den Kindern Erfahrungsfelder und Spielräume zu eröffnen. Da uns zunehmend Autos, Bildschirme und Beton umgeben, sind wir aufgerufen, bewusst Bewegungs- und Lernräume für unsere Kinder zu schaffen. Das ist eine neue Aufgabe, denn bis vor wenigen Jahren waren natürliche Bewegungsräume in hinreichender Menge vorhanden. Doch diese Aufgabe kann ein wunderbarer Anlass sein, auch für uns selbst bewusst wahrzunehmen und zu entscheiden, wie und in welcher Umgebung wir leben möchten. Viele Erwachsene haben sich körperlich so eingeschränkt, dass sie gar nicht bemerken, wie arm ihre Lebenswelt geworden ist. Ich habe Menschen mit Kindern sagen hören, dass sie in ihrer Wohnsituation keinen Hund halten möchten, weil dieser dort zu wenig Auslauf hätte. Dass dies auch auf sie selbst und ihre Kinder zutraf, fiel ihnen nicht auf.

Wollen wir als Eltern, ErzieherInnen und LehrerInnen eine gesunde Entwicklung unserer Kinder ermöglichen, sind wir aufgerufen, den physischen, emotionalen und sozialen Raum, in dem wir leben und in dem unsere Kinder aufwachsen, so zu gestalten, dass die Kinder sowohl ausreichende Anregungen und Herausforderungen finden als auch Nähe, Geborgenheit und Schutz. Sind beide Qualitäten vorhanden, finden Kinder ganz natürlich den Weg zu ihrem Gleichgewicht und das im umfassenden Sinn des Wortes.

Sitzenbleiben?

Beat sitzt am Boden vor Großmutters altem Couchtisch. Er ist fast zwei, hat aber noch keine Lust zu laufen. Auf dem Tisch liegt sein Buch mit Tieren auf dem Bauernhof. Er hält sich am Tischbein fest und zieht sich hoch, um zu knien. Dann stellt er den linken Fuß auf und danach den rechten. Halb kauernd hockt er vor dem Tisch, der zu hoch ist, um an das Buch zu kommen. Also weiter.

Auf diesen kleinen Füßen soll er seinen ganzen Körper balancieren? Die Hand am Tisch unterstützt das Gleichgewicht. Beat schaukelt und wankt. Er zieht sich hoch und steht. Das geht ganz gut und da ist auch das Buch.

Wir Menschen sind für das Laufen konstruiert. Einen Großteil unseres Hierseins auf der Erde haben wir gehend verbracht. Das hat unseren gesamten Organismus geformt. Das Sitzen auf Stühlen entspricht nicht den Bedürfnissen unseres Körpers, schon gar nicht das Sitzen über eine lange Dauer. Vor allem Kinder brauchen unbedingt Bewegung. Doch in der Schule geschieht leider genau das Gegenteil.

In einer dreijährigen Studie haben der Sportpädagoge Gerhard Landau und seine KollegInnen an der Universität Essen zeigen können, wie die psychomotorischen Fähigkeiten der SchülerInnen einer Grundschulklasse von der 2. bis zur 4. Jahrgangsstufe erheblich abnahmen.[17] Dabei wurden die Haltungs- und Bewegungsfähigkeiten der Kinder zum einen anhand des Körperkoordinationstests und zum anderen mit einem Verfahren zur Messung der Haltekraft des Rückens erhoben. Aufgrund der Ergebnisse konnte der psychomotorische Gesamtstatus der Kinder eingeschätzt werden. Der Vergleich der Ergebnisse über die dreijährige Dauer der Studie zeigte, dass sich der Anteil der Kinder mit einem guten und sehr guten Status von 12 Prozent auf 6 Prozent halbierte. Während in der 2. Klasse bei immerhin schon 22 Prozent ein auffälliger Status festgestellt wurde, verdoppelte sich dieser Anteil bis zur 4. Klasse noch auf 45 Prozent. Davon wurden 6 Prozent der Kinder zu diesem Zeitpunkt sogar gestörte Haltungs- und Bewegungsfähigkeiten attestiert.

Wir dürfen davon ausgehen, dass diese bereits Ende der 1990er-Jahre durchgeführte Untersuchung repräsentativ war und dass sich das Bild in den seither vergangenen Jahren noch verdüstert hat. Es ist sicher konservativ geschätzt, dass mittlerweile bei gut der Hälfte aller Kinder die Haltungs- und Bewegungsfähigkeiten nicht so entwickelt sind, dass sie langfristig ohne

> Stundenlanges Eingezwängtsein in oft unergonomische Möbel und der Zwang zum Stillsitzen in der Schule fordern über die Jahre ihren Tribut: Die Fähigkeit der natürlichen Haltung und Bewegung, wie sie gesunde kleine Kinder haben, geht, wie die Untersuchung von Landau zeigt, Schuljahr für Schuljahr mehr und mehr verloren. Die herkömmliche Schule scheint nach diesen Ergebnissen ein ernstes Gesundheitsrisiko darzustellen.

Beschwerden oder Einschränkungen leben werden. Vor allem Rückenschmerzen sind bei den Erwachsenen in den Industrieländern ja bekanntlich die Hauptursache für Krankschreibungen.

Die Bewegungspädagogin Renate Zimmer fordert für die Schule daher provokativ-programmatisch: Schafft die Stühle ab![18] Genau das führte Gerhard Landau in seinem Projekt mit dem *Mobilen Klassenzimmer* durch. Hier wurden in der Parallelklasse der schon genannten 2. Schulklasse die herkömmlichen Stühle und Tische durch ein Kit beweglicher Sitzelemente ersetzt. Diese kommen ohne Rückenlehne aus und können mit ebenfalls beweglichen Tischelementen variabel kombiniert werden. Die Ergebnisse der Untersuchungen zu Halte- und Bewegungsfähigkeiten in dieser Klasse geben Hoffnung. Waren in der 2. Klasse vor Beginn der Intervention noch 34 Prozent

der Kinder auffällige oder gestörte Fähigkeiten bescheinigt worden, hatten zwei Jahre später alle Kinder normale oder gute Fähigkeiten entwickelt.

Die Kinder im mobilen Klassenzimmer waren nicht nur körperlich besser entwickelt als ihre Altersgefährten in der konventionell unterrichteten Nachbarklasse. Aus der mobilen Klasse gingen nach dem 4. Schuljahr mehr als doppelt so viele Kinder an weiterführende Schulen als in der Vergleichsklasse, mehr Kinder als jemals zuvor an dieser Schule, die in einem sozialen Brennpunkt liegt. Diese wunderbaren Ergebnisse haben laut Hersteller, den Franz Sales

Werkstätten für behinderte Menschen in Essen (siehe S. 176), die LehrerInnen in über 200 Schulen inspiriert, ebenfalls diese bewegungsfreundlichen Möbel anzuschaffen.

Bewegungsräume eröffnen

Wann immer es möglich ist, und es ist viel öfter möglich, als wir meinen, sollten wir Lernmöglichkeiten schaffen, die Bewegungsraum lassen. Ein auf Stühle und Tische fixiertes Lernen führt zum »Sitzenbleiben«. Stark motorisch orientierten Kindern wird durch die erzwungene Stilllegung die Konzentration auf geistige Inhalte erschwert. Aber auch Kinder, die sich besser körperlich ruhig halten und konzentrieren können, profitieren davon, wenn sie die Freiheit haben, ihre Haltung beim Lernen ändern zu können. Geist und Körper brauchen gleichermaßen Anregungen, Spiel- und Bewegungsräume. Da viele Kinder einen Großteil ihrer Freizeit sitzend verbringen, haben die Bildungseinrichtungen heute die Aufgabe, Lernen mit Bewegung und körperlicher Aktivität zu verbinden. »Lernvollzugsanstalten«, in denen Kinder Jahre ihres Lebens absitzen müssen, gehören abgeschafft. Wie die Bedingungen für lebendiges und bewegtes Lernen geschaffen werden können, ist kein Geheimnis. Beispiele wie die Helene-Lange-Schule in Wiesbaden[19] oder die Laborschule in Bielefeld[20] zeigen, wie das gehen kann. Auch mangelt es nicht an Zukunftsvisionen. So ist z.B. ein Prototyp für die Gestaltung eines generationenübergreifenden und lebensnahen Lernparadieses auf dem Gelände der ehemaligen hessischen Versuchsanstalt für Gartenbau in Wiesbaden im Entstehen. Auf dem dortigen Campus Klarenthal[21] werden Kinder in einem Kinderhaus, einer Grundschule und weiterführend bis zum mittleren Abschluss oder Abitur kreativ gestaltend, aktiv forschend und sozial engagiert lernen können. Eine Akademie bietet darüber hinaus Experimentier- und Lernmöglichkeiten für Erwachsene jeden Alters.

Doch auch in herkömmlich sitzend unterrichtenden Schulen lassen sich Wege finden, wie Bewegung in den Alltag integriert werden kann. Schon dieser halbe Schritt hin zu einem bewegten und lebendigen Lernen bewirkt sehr positive Ergebnisse. So zeigten die SchülerInnen von zwei Berufsschulen und einem Gymnasium in Baden-Württemberg nach drei bis vier Monaten der täglichen Durchführung einer Bewegungsstunde mit Ballspielen, Badminton oder Jogging weniger negative Gestimmtheit, deutlich besseres Wohlbefinden und ihnen unterliefen signifikant weniger Fehler beim Ausfüllen von Konzentrationstests als den SchülerInnen der Parallelklasse, die keine zusätzliche Möglichkeit zur Bewegung hatten. Die Einbeziehung von zwei- bis dreiminütigen Bewegungssequenzen in den Fachunterricht einer weiteren Berufsschule erzielte ähnliche Ergebnisse.[22] Auch Untersuchungen zur Integration von Yoga- und Qigongeinheiten in den Kindergarten- und Grundschulalltag dokumentieren die Machbarkeit und die Erfolge von bewegtem Lernen.[23] Neben aktiven Elementen kamen hier auch meditativ-entspannende Aspekte zum Tragen. Die Ergebnisse der Studien zeigen, dass Kinder die Übungen mit großer Freude ausführen und zum Teil auch selbstständig zu Hause weiterüben. Körperliche Beschwerden gehen zurück, das Wohlbefinden steigt. Kraft, Haltung, Beweglichkeit sowie Grob- und Feinmotorik verbessern sich und die Kinder schlafen sogar besser. Ebenfalls positiv entwickeln sich die Konzentrationsfähigkeit und das Sozialverhalten.

Wir ermöglichen freudvolles Lernen nur, wenn wir Körper und Geist ansprechen, fördern und zusammenwachsen lassen. Deshalb sind wir aufgerufen, Bewegungsräume zu erhalten oder zu schaffen und bewusst Bewegung in unseren Alltag zu integrieren.

Voraussetzung für die Bewegungsintegration ist es, dass wir selbst bemerken, wann und welche Bewegung uns guttut. Wenn Sie als Lehrende oder Lehrender spüren, dass Sie sich nach einer Zeit des Sitzens im Unterricht bewegen möchten, ist das mit großer Wahrscheinlichkeit auch ein Zeichen dafür, dass es den anderen im Raum ebenso geht. Entwickeln Sie diese Fähigkeit Ihres Körper-Geistes und orientieren Sie Ihren Unterricht an seinen Signalen. Die Schulklingel würde dadurch letztlich überflüssig, weil Sie sich nach inneren Rhythmen richten und die Lernprozesse, die Sie leiten, an Lebendigkeit gewinnen. Natürlich geben Ihnen auch die Kinder Aufschluss darüber, wann der Zeitpunkt für Bewegung gekommen ist. Unruhe, fehlende Konzentration und manchmal auch Schläfrigkeit sind Anzeichen dafür, dass Bewegung guttäte.

Die Welt in uns

Vertraut sein mit dem Körper

Mit dem Körper und seinen Sinnen begreifen, erfahren und verstehen wir die Welt. Der Körper ist aber auch unsere Erscheinungsform *in* der Welt. Durch ihn äußert sich unser Sein. Innere Qualitäten wie Zu- oder Abneigung, Gefühle, Stimmungen, Hoffnung oder Resignation, Freude oder Bitterkeit drücken sich im Gesicht und in der Haltung des Körpers aus. Vertrautheit mit anderen Menschen beruht zum großen Teil darauf, dass wir ihre Körpersprache richtig deuten und uns dementsprechend einstimmen und verhalten. Das Vertrautsein mit uns selbst gründet ebenfalls darauf, dass wir uns spüren und die Signale unseres Organismus richtig deuten. Doch diese Form der Vertrautheit bedarf einer gewissen Übung, die für die meisten von uns ungewohnt ist. Lassen Sie sich im Folgenden einladen, Ihre Aufmerksamkeit zum Körper zu bringen, ganz ohne die sonstigen Anlässe wie Schmerzen, Hunger oder Lust. Dabei greifen wir auf eine einfache und sehr wirkungsvolle Methode zurück, die in der Tradition des südlichen Buddhismus entwickelt wurde. Dort ist das sogenannte *Körperdurchkehren* eine Form der Achtsamkeitspraxis. Ziel der Ausübung der dabei angestrebten konzentrierten und klaren Geisteshaltung ist die Erlangung von Einsicht in die Zusammenhänge des Lebens. Ich habe die Methode von Professor Jon Kabat-Zinn gelernt, der sie vielen Patientinnen und Patienten im Klinikum der University of Massachusetts beigebracht hat.

Bei dieser Reise durch den Körper führen wir unsere Aufmerksamkeit von den Füßen durch Beine, Becken, Rücken, Bauch, Brust und Schultern, durch die Arme bis zu den Fingerspitzen und dann zum Hals und zum Kopf. Die innere Haltung ist dabei möglichst offen, freundlich und zugewandt. Versuchen wir allem, was wir wahrnehmen, mit Aufmerksamkeit zu begegnen, ohne etwas davon festzuhalten. Dadurch wird es möglich, mit der Wahrnehmung ganz im gegenwärtigen Moment präsent zu bleiben. Sie können diese Reise im Sitzen oder Liegen ausführen. Im Liegen ist der Entspannungseffekt größer, aber auch die Wahrscheinlichkeit höher, einzuschlafen. Die Kleidung sollte nicht einengen. Der folgende »Reiseplan« kann entweder komplett gelesen und dann am Stück nachvollzogen oder Abschnitt für Abschnitt gelesen und verinnerlicht werden. Vielleicht findet sich ja auch ein Vorleser.

Versuche während der Reise zu bemerken, wohin deine Aufmerksamkeit sich richtet. Folgt sie den Stationen der Reise durch den Körper oder begibt sie sich in eigene Gedanken, Erinnerungen und Vorstellungswelten? Begleite deine Aufmerksamkeit auf ihren Wegen und führe sie, wenn das für dich passt, immer wieder zurück auf den Weg durch deinen Körper.

Richte dich auf einer Matte, einem Bett oder auf einem Sitz ein. Wenn du liegst, magst du vielleicht eine zusammengerollte Decke unter die Knie legen, um den unteren Rücken zu entlasten. Im Sitzen ist es dir vielleicht möglich, den Rücken ohne Unterstützung von außen selbsttragend aufgerichtet zu belassen.

Wenn du dich an deinem Platz eingerichtet hast, dann spanne für zwei Atemzüge alle Muskeln deines Körpers leicht an: Hebe die Füße und Beine, beuge die Zehen. Spanne Rumpf, Rücken, Brust und Bauch leicht an. Hebe die Schultern zu den Ohren. Winkle die Arme an und balle die Fäuste. Ziehe dann dein Gesicht in Richtung der Nasenspitze zusammen. Halte die Spannung für zwei Atemzüge und lasse dann mit dem Ausatmen genüsslich los.

50

Lass den folgenden Ausatemzug lang und tief sein und stell dir vor, dass du mit ihm einen halben Zentimeter in die Matte oder in den Sitz hinein sinkst. Und mit dem nächsten langen, tiefen Ausatemzug noch einmal.

Wenn die Augen geschlossen sind, fällt es dir leicht, deine Aufmerksamkeit nach innen in den Körperraum zu richten. Lass sie sich im Körperraum ausbreiten, bis sie ihn vom Scheitel bis zu den Zehen ganz ausfüllt.

Du spürst deinen Körper aus dem Innenraum her bis nach außen zur Haut hin. Du spürst, wie du vom Sitz oder von der Matte getragen wirst und nimmst den Kontakt mit der Kleidung wahr, die den Körper umgibt.

Dann bündelst du den Fokus deiner Aufmerksamkeit und führst ihn in den linken Fuß.

Du spürst den Fuß dabei von innen her bis zu den Zehen, weiter zur Fußsohle hin, zur Ferse und von dort bis hinauf zum Fußgelenk.

Wenn du möchtest, spüre in das linke Fußgelenk hinein.

Dann richtest du die Aufmerksamkeit auf den linken Unterschenkel vom Fußgelenk bis hinauf zum Kniegelenk.

Die Welt in uns

Du sammelst die Aufmerksamkeit im linken Knie.

Und führst die Aufmerksamkeit weiter zum Oberschenkel.

Folge dem Oberschenkel in seinem Verlauf vom Knie bis hinauf zum Hüftgelenk.

Spüre in das Hüftgelenk hinein.

Weite dann den Fokus deiner Aufmerksamkeit,

um den gesamten Beckenbereich einzubeziehen.

Du spürst die große Schale deines Beckens.

Dann sammelst du die Aufmerksamkeit wieder und richtest sie auf das rechte Hüftgelenk.

Von dort führst du die Aufmerksamkeit durch das Bein hindurch zum rechten Fuß.

Du spürst den Fuß von innen her bis in die Zehen hinein.

Und führst dann die Aufmerksamkeit zur Fußsohle und zur Ferse.

Du spürst den Fußrücken von den Zehen bis hinauf zum Fußgelenk.

Wenn du möchtest, spüre in das rechte Fußgelenk hinein.

Dann lenkst du die Aufmerksamkeit zum rechten Unterschenkel.

Du nimmst den Unterschenkel in seiner ganzen Länge wahr.

Vom Fußgelenk bis hinauf zum Knie.

Dort sammelst du die Aufmerksamkeit

und lässt sie sich im rechten Knie ausbreiten.

Du führst dann die Aufmerksamkeit weiter zum Oberschenkel.

Du folgst dem Verlauf des Oberschenkels vom Knie bis hinauf zum Hüftgelenk.

Spüre in das Hüftgelenk hinein.

Und weite dann wieder den Fokus der Aufmerksamkeit,

um den gesamten Beckenbereich einzubeziehen.

Du spürst dein Gesäß auf der Unterlage.

Nimmst deinen Anus wahr und deine Genitalien.

Du spürst die Leisten und den unteren Bauch.

Vielleicht hast du eine Wahrnehmung für deinen Nabel.

Nimmst du Bewegungen wahr?

Atembewegungen oder Bewegungen der inneren Organe?

Du führst die Aufmerksamkeit in den Bauchraum hinein

und durch den Bauchraum hindurch zum unteren Rücken.

Dann folgst du der Wirbelsäule Wirbel für Wirbel –

vom unteren Rücken nach oben in Richtung der Schultern.

Dabei breitet deine Aufmerksamkeit sich nach links und rechts aus.

Du spürst die große Fläche deines Rückens.

Dann lenkst du die Aufmerksamkeit zu beiden Seiten nach vorn zum Brustkorb
und zur Brust.
Vielleicht nimmst du auch hier Bewegungen wahr –
Atembewegungen vielleicht oder die Bewegung deines Herzens.
Du führst die Aufmerksamkeit dann in den Brustraum hinein
und spürst von innen her zu den Schlüsselbeinen und zu den Schultern.
Du nimmst den gesamten Schulterbereich wahr,
von der einen Schulter bis hinüber zur anderen Schulter.
Dann führst du die Aufmerksamkeit von den Schultern durch die Arme hindurch
zu den Händen und bis zu den Fingern und Fingerspitzen.
Du spürst jeden einzelnen Finger.
Du nimmst den Handrücken wahr
und die Handflächen bis hinauf zu den Handgelenken.
Wenn du möchtest, führe die Aufmerksamkeit in die Handgelenke hinein.
Dann wandert sie weiter zu den Unterarmen bis hinauf zu den Ellenbogen.
Du spürst in die Ellenbogengelenke hinein und lenkst den Fokus der Aufmerksamkeit
dann weiter zu den Oberarmen und bis hinauf zu den Schultergelenken.
Du spürst in die Schultergelenke hinein und weitest dann wieder den Fokus,
um den gesamten Schulterbereich von der einen Schulter
bis zur anderen einzubeziehen.
Nun sammelst du die Aufmerksamkeit in der Mitte zwischen beiden Schultern und
führst sie an der Halswirbelsäule nach oben bis zum Kopf.
Du nimmst die Verbindung zwischen Hals und Kopf wahr.
Vielleicht hast du eine Wahrnehmung für dein Haar und die Kopfhaut.
Du spürst den Schädelknochen und,
wenn du magst,
führe die Aufmerksamkeit in den Schädelraum hinein.
Schau dein Gesicht von innen her an: die Stirn, Schläfen, Augenbrauen,
die Augenhöhlen und die Augen in den Augenhöhlen.
Vielleicht hast du eine Wahrnehmung für die Muskeln,
die die Augen in den Augenhöhlen halten.
Vielleicht spürst du die Lider auf den Augen.
Du nimmst die Wangenknochen wahr und die Wangen.
Du spürst deine Ohren und den Unterkiefer.
Du nimmst dein Kinn wahr und deinen Mund.
Du spürst die Zähne und die Zunge im Mundraum.

Du spürst deine Lippen und den Bereich zwischen Oberlippe und Nase.
Dann folgst du dem Verlauf der Nase von der Nasenwurzel
bis zu den Nasenlöchern.
Wenn du möchtest, spüre in die Nasenräume hinein.
Vielleicht spürst du dort, wie die Atemluft beim Einatmen
einen leichten Lufthauch erzeugt, bevor sie in den Körper hineinfließt.
Nach einer Weile ist dann ein ähnlicher Lufthauch zu spüren,
der entsteht, wenn die Ausatemluft den Körper durch die Nase wieder verlässt.
Wenn du möchtest, folge beim nächsten Einatemzug dem Verlauf der Luft
von der Nase in den Körper hinein.
Spürst du die Bewegungen, die mit dem Einatemzug verbunden sind?
Von dem Lufthauchempfinden in der Nase zu den Schultern,
zum Brustkorb bis zum Bauch?
Spürst du die kleine Pause am Ende des Einatemzugs bis zum Beginn des Ausatem-
zugs? Auch das Ausatmen ist mit Bewegungen verbunden.
Spürst du diese in Bauch, Brust und Schultern?
Begleite das Fließen des Atems und die damit verbundenen Bewegungen
für ein paar Atemzüge, ohne den Atem zu beeinflussen.
Lass ihn fließen, wie er fließt.
Dann, beim nächsten Einatemzug, magst du dir vielleicht vorstellen,
dass der Atem durch Nase, Hals, Brust und Bauch fließt
und dann noch weiter bis ins Becken.
Dort stellt sich dann die Pause ein.
Und dort beginnt dann auch die Ausatembewegung,
die zurück durch Bauch, Brust, Hals, Kopf und Nase fließt.
Beim nächsten Einatmen kannst du in der Vorstellung den Atem bis zu den Knien
und danach auch bis zu den Füßen und Zehenspitzen fließen lassen.
Der ganze Körper atmet dann ein und wieder aus.
Auch die Schultern, Arme und Hände bis zu den Fingerspitzen
lassen sich auf diese Weise in der Vorstellung mit dem Atem verbinden.
Und es ist ja tatsächlich so, dass mit jedem Einatemzug der ganze Körper, jede
einzelne Zelle mit frischem Sauerstoff versorgt wird und dass mit jedem Ausatemzug
der ganze Körper, jede einzelne Zelle Verbrauchtes nach draußen abgibt.
Bleibe für einige Atemzüge ganz im atmenden Körper.
Öffne dann den Fokus deiner Aufmerksamkeit und beziehe den Raum ein,
in dem du dich befindest.

Nimm die Geräusche wahr.

Du spürst dich in diesem Raum, umgeben von diesen Geräuschen,

umgeben von deiner Kleidung, auf dieser Matte oder diesem Sitz.

Du spürst dich in diesem Atemzug.

Und auch in diesem.

Entlasse dann mit dem nächsten Ausatmen deine Aufmerksamkeit, öffne die Augen,

und wenn dir nach Strecken, Räkeln, Gähnen zumute ist, dann gib dem nach.

Lass dir für ein paar Atemzüge Zeit und nimm dann wahr, wie du dich während der

Reise gefühlt hast. Welche Körperempfindungen hattest du?

Welche Gedanken?

Wo war deine Aufmerksamkeit? Bist du dem Fahrplan der Reise gefolgt,

oder hast du eine andere Route gewählt?

Was ist dir unterwegs begegnet? Waren es eher Gedanken, Erinnerungen und

Vorstellungen, die im Geist entstanden sind,

oder war die Aufmerksamkeit dichter am Geschehen dran,

das mit dem Körper und den Körperwahrnehmungen verbunden war?

Gab es Phasen, in denen die Aufmerksamkeit in den dämmrigen Übergangszustand

zum Schlaf hingesunken ist oder in denen du tatsächlich geschlafen hast?

Wie hast du die Übergänge vom wachen Bewusstsein des Körpers

zur Welt der Gedanken und zum Schlaf hin wahrgenommen?

Wie fühlt sich dein Körper jetzt an?

In welcher Stimmung bist du gerade?

Wenn du möchtest, mache dir Notizen

Wenn wir uns regelmäßig auf die Reise durch den Körper begeben, werden wir bemerken, dass es zunehmend besser gelingt, mit der Aufmerksamkeit beim Körper zu bleiben. Die Phasen des Abschweifens in Gedankengebilde oder des Eindösens werden mit der Zeit kürzer, und dem Bewusstsein gelingt es immer häufiger, zu bemerken, wo der Fokus der Aufmerksamkeit sich gerade befindet. Wir entwickeln mit der Praxis der Körperreise ein leib-sinnliches Gespür für unseren Körper. Dieses Gespür wird sich dann auch im Alltag als Präsenz unserer Leibhaftigkeit äußern. Das ermöglicht uns einerseits, Grenzen unserer Belastbarkeit zu spüren, bevor sie überschritten werden, und zum anderen unterstützt uns der Leib-Sinn darin, im Alltag mit der Aufmerksamkeit immer wieder in den sinnlich-konkreten gegenwärtigen Moment zu kommen. Gerade für Menschen, die nicht körperlich, sondern geistig und psychosozial arbeiten, ist diese Fähigkeit zur leibhaftigen Präsenz bereichernd für das eigene Erleben und den Kontakt zu den Mitmenschen.

> Leibhaftige Berührungen und Erlebnisse erfrischen unsere Wahrnehmung von uns selbst, von den Menschen um uns und von der Welt. Und allein durch diesen frischen, leibhaftigen Kontakt mit dem Gegenwärtigen können wir die Konzepte, die wir von unserer Welt haben, immer wieder auf den neuesten Stand bringen. Nur so bleiben unsere Beziehungen so lebendig und aktuell, wie Kinder sie erleben. Für uns Erwachsene ist die bewusst gewählte sinnliche Präsenz in der Gegenwart *der* Weg, der uns auf einer neuen Ebene des Bewusstseins gewissermaßen ins spielerisch-offene Gewahrsein der Kindertage zurückführt.

Freundschaft mit dem Körper schließen

Wenn wir unseren Körper nur dann spüren, wenn Hunger, Schmerz oder Lust unseren Geist aufmerken lassen, dann kennen wir diesen unseren eigenen Körper nur im Alarmzustand. Je gröber und undifferenzierter die Wahrnehmung für uns selbst jedoch entwickelt ist, desto derber müssen die Reize sein, die uns aufmerken lassen. Mit der Reise durch den Körper haben wir eine wunderbare Möglichkeit, die Aufmerksamkeit strukturiert durch den Körperinnenraum wandern zu lassen, ohne dass dazu heftige Regungen Anlass geben müssen. Auf diesem Wege verfeinert sich die Binnenwahrnehmung und wir lernen, uns selbst auch ohne große Erregung präsent zu sein.

Ähnlich wie ein Kind, das sich sicher sein kann, regelmäßig Aufmerksamkeit geschenkt zu bekommen, nicht zu extremen Maßnahmen greifen muss, um bemerkt und beachtet zu werden, kann sich durch die Praxis der Körperreise die Beziehung zu uns selbst in gleicher Weise zunehmend unaufgeregt

und selbstverständlich gestalten. Die Einladung lautet: Schenken Sie sich regelmäßig Zeit, Aufmerksamkeit und Zuwendung. Das allein schon ist wohltuend und heilsam. Wir müssen dabei keine Probleme lösen oder uns selbst kluge Rat-Schläge verpassen. Wie ein guter Freund, der da ist und zuhört, so tut auch die eigene Anwesenheit bei uns selbst einfach gut.

> Unsere äußere Kultur unterstützt uns bisher kaum dabei, die Aufmerksamkeit regelmäßig nach innen zu lenken, dort zu verweilen und das, was da ist, wach wahrzunehmen.
> Wir sind jedoch jederzeit in der Lage, das zu ändern, indem wir bei uns selbst beginnen und dann auch andere Menschen dazu einladen. Damit werden wir zu Kultivierern nach innen und außen.

Werner K. kam im Alter von 75 Jahren in unsere Klinik. Er war herzkrank und hatte das Spektrum der gängigen Koronartherapien ausgeschöpft, doch seine Beschwerden, vor allem das Gefühl von beklommener Enge ums Herz, dauerten an. Nun schickte ihn sein Hausarzt zu uns. Werner war ein Mann der Ordnung, das sah man gleich. Als ehemaliger Prokurist eines, wie er sagte, »nicht unbedeutenden« Betriebs trug er in der Öffentlichkeit noch immer Krawatte. Meinen Vorschlag, zu Hause täglich mit einer CD auf die Reise durch den Körper zu gehen, setzte er korrekt wie Aufträge eines Vorgesetzten um. Auf meine Nachfragen, was er dabei empfände, blieb er anfangs sehr wortkarg. Nach zwei Wochen fragte ich, ob er in letzter Zeit Träume gehabt habe, an die er sich erinnern könne. »Ja, ja«, sagte er erstaunt, etwas verunsichert und beinahe abweisend. Jede Nacht träume er, dass er mit seinen Kumpels aus der Schulzeit Unerlaubtes täte. Sie klauten Autos und fuhren sie zu Schrott. Einmal hätten sie sogar gemeinsam vom Schuldach gepinkelt. Über die nächsten Wochen behielt Werner die Körperreisen bei. Auch die Träume blieben weiter »ungezogen«. Und mit der Zeit entwickelte er langsam eine verschmitzte Freude an diesen mutwilligen Überschreitungen der Ordnung. Das Gefühl von Enge in der Brust und seine Herzbeschwerden nahmen dabei langsam ab und er konnte die Dosis seiner Medikamente deutlich verringern. Sein innerer Diktator lockerte den eisernen Griff ums Herz.

Körper-Sprache

Worte für das zu finden, was wir erleben, ermöglicht den Austausch mit anderen. Doch ist es nicht nur sinnvoll, das Erlebte in Worte zu fassen, um von unseren Reisen erzählen zu können. Auch unsere eigene Wahrnehmung wird umso differenzierter, je feiner wir das, was uns begegnet, verbalisieren können. Das bekannte Beispiel der vielen verschiedenen Worte für Schnee, die in der Inuitsprache vorhanden sein sollen, verdeutlicht das. Daher kann es sehr sinnvoll sein, auf der Reise ins Innere das, was uns unterwegs begegnet ist, hinterher zu beschreiben. Das können Adjektive sein wie kalt, warm, pulsierend, kribbelnd, weit, fest, zäh oder leicht, die die gegenwärtige Befindlichkeit z.B. im rechten Fuß wiedergeben. Es können aber auch Worte sein, die Vorstellungsbilder und Assoziationen beschreiben, wenn solche vor unserem geistigen Auge erscheinen. Das Führen eines Reisetagebuchs kann eine wunderbare und sinnvolle Sache sein, um diese inneren Wahrnehmungen aufzuzeichnen.

Das In-Worte-Fassen dessen, was uns in unserem Innern als ein komplexes Gefühl oder als Ahnung eines solchen Gefühls begegnet, hat noch eine weitere tiefgreifende Wirkung: Wir verbinden dabei die körper- und gefühlsorientierten Wahrnehmungen der rechten Gehirnhälfte mit den sprachlich-differenzierenden Fähigkeiten der linken Hemisphäre. Das Wahrnehmen und Spüren auf der einen Seite, Bewusstwerden und In-Worte-Fassen auf der anderen bringen wir zusammen. Dadurch schaffen wir Licht im Reich des körperlichen Spürens, das sonst dunkel rumorend und auch beängstigend sein kann. Zugleich bereichern wir unser Denken und Sprechen mit dem Schatz sinnlich konkreter Bezogenheit. Wir sprechen dann von uns, von unserer Wirklichkeit und unserem Erleben statt nur Meinungen und Konzepte wiederzugeben. Denn erst mit dem Durchscheinen der körperlich-sinnlichen Dimension durch unsere Gedanken und Worte erhalten diese ihren Bezug zu unserem Leben und erlangen somit wirkliche Bedeutsamkeit. Dieser Integrationsleistung werden wir wieder begegnen, wenn wir uns mit der Kultivierung unserer Gefühle und Gefühlsäußerungen im Sinne der emotionalen Intelligenz befassen.

Entscheidend für die Bedeutung der in Worte gefassten Erlebnisse auf der Reise nach innen ist die Haltung, die wir diesem Material entgegenbringen. Eine skeptische und kritisch wertende Haltung wird Zweifel an unseren Wahrnehmungen nähren bzw. nach dem Nutzen fragen lassen. Damit wächst die

Wahrscheinlichkeit, dass wir unzufrieden und abgeneigt sind, wie ein ständig kritisiertes Kind. Oder eine hypochondrisch besorgte Selbstbezogenheit, die sich gern in Katastrophenvorstellungen begibt, wird uns wahrscheinlich beängstigende Vorstellungen von möglichen Krankheiten und potenziellen Verletzungen bescheren. Wir schleichen dann wie übervorsichtige Kinder durch das Leben, hinter jeder Ecke eine Gefahr befürchtend. Nur eine Haltung, die wahrnimmt, ohne interpretieren und werten zu müssen, öffnet dagegen den Raum für die Entwicklung einer fein gestimmten, gelassenen-interessierten Selbstwahrnehmung und fördert unsere Selbstakzeptanz. Ein solches inneres Kind ist voller Lust auf Abenteuer und Späße.

> Zuwenden, berühren, in Worte fassen, sein lassen und dann den Raum der Aufmerksamkeit wieder öffnen, das sind die Etappen des achtsamen Wahrnehmens. Wenn wir mit dem Finden von Worten für unsere innere Landschaft aus einer achtsamen Haltung heraus experimentieren, erlernen wir dabei die Sprache unseres Körpers durch Lauschen nach innen und durch Sprechen aus dem Körpergewahrsein.

Lernen mit allen Sinnen

Kinder begreifen die Welt mit ihren Händen. Sie riechen, schmecken, hören und sehen mit wachen Sinnen. Die Schwere oder Leichtigkeit eines Gegenstandes und sein Klang interessieren sie. Sie erleben sich im Bezug zu den Dingen der Welt, möchten spüren, wie es sich anfühlt, im Gras zu liegen oder auf einem Baumstamm. Unsere Sinne sind die Tore, durch die die Welt Eingang in unser Erleben findet. Vorstellungskraft und Denken lassen sich dabei ebenfalls als ein Sinn verstehen. Welchen Unterschied macht es doch, ob Kinder sich frei innerhalb ihrer Lebenswelt bewegen können oder ob sie auf elterliche Fahrdienste angewiesen sind. Wie sehr unterscheiden sich Kinder, die sich Buden im Wald bauen, von Altersgefährten, deren Abenteuer sich auf den Konsum der Daily Soap im Fernsehen und der angesagten Videospiele beschränken.

Wir können dabei der Meinung sein, dass das Leben sich eben verändert und dass Kinder heute nicht mehr in der Lage sein müssen, auf Bäume zu klettern, da es ja sowieso kaum mehr Bäume gibt, auf die Kinder klettern könnten. Ist nicht vielleicht der Umgang mit elektronischen Medien viel wichtiger für erfolgreiche moderne Menschen als altmodische Naturschwärmereien? Nein! Medienkompetenz ist zweifellos wichtig und sinnvoll, aber nicht als Ersatz. »Second Life« kann nie das wirkliche, leibhaftige Leben ersetzen. Wer das versucht, begibt sich unter Umständen in eine Abhängigkeit, die inzwischen von Psychologen als Sucht bewertet wird.[24]

Wenn wir die Verarmung der natürlichen Welt als gegeben akzeptieren und als Rechtfertigung für die Verarmung unserer Sinne und Fähigkeiten anführen, ergeben wir uns nicht nur in die Zerstörung unseres Lebensraumes, wir fördern sie damit in der aktivsten Weise. Bilden doch die Freude an der Natur und die sinnliche Lust, die wir erleben, wenn wir zeitvergessen am Bach oder im Wald spielen, die stärkste, weil leibhaftigste Basis für unser Engagement für den Schutz der Natur. Die Verarmung und Verkümmerung der Natur bedeutet dabei nicht nur eine Zunahme der Umweltprobleme. Auch die Zunahme unserer Innenweltprobleme lässt sich damit erklären. Sind doch Haltungs- und Beweglichkeitsschäden, Essstörungen und Übergewicht, Allergien, psychische Beschwerden und soziale Auffälligkeiten nichts anderes als Anzeichen für aus der Bahn geratene natürliche Prozesse in uns. Es liegt daher in unserer Verantwortung und Pflicht, naturnahe Spiel-, Lern- und Lebensräume für unsere Kinder und uns selbst zu erhalten und zu schaffen.

Haustiere, so konnten Rohrs und Ebinger von der tierärztlichen Hochschule in Hannover zeigen, haben durchweg wesentlich kleinere Gehirne als ihre wilden Artgenossen.[25] Dies ist bei Schweinen besonders deutlich ausgeprägt. Demnach haben Hausschweine, die ihr Leben lang nicht viel anderes tun als zu fressen und zuzunehmen, ein Gehirn, das um ein Drittel leichter ist als das ihrer wilden Cousins und Cousinen. Wildschweine leben frei in umherwandernden Herden und sind dabei auf vielfältige Weise gefordert. Dabei bilden sie ein deutlich größeres Repertoire an mentalen Fähigkeiten aus, womit auch die Herausbildung weitaus komplexerer neuronaler Strukturen und deutlich schwererer Hirne verbunden ist. Vor allem die entwicklungsgeschichtlich jüngsten Strukturen des Gehirns, die aktiv werden, wenn die Schweine lebendige Beziehungen zueinander und zu ihrer Umwelt pflegen, sind davon betroffen. Wer sich mit seinesgleichen an der frischen Luft frei bewegt, hat einfach mehr Hirn im Kopf. Die Analogie zu Kindern, die ihre Zeit in der Schule und allein vorm Fernseher versitzen und dabei immer dicker und dumpfer werden, liegt nahe. Was wünschen wir uns für unsere Kinder, die »Stallmast« oder Wald und Wiese?

Als Kinder lernen wir mit allen Sinnen. Je älter wir werden, desto weniger sinnlich wird unser Bezug zur Welt, zueinander und zu uns selbst. Unser Geist begnügt sich dann immer öfter damit, Erinnerungen an vergangene Sinneserfahrungen abzurufen, anstatt erneut Aufmerksamkeit in das Erlebnis der aktuellen Situation zu investieren. Da wir jedoch unsere Aufmerksamkeit willentlich richten und halten können, haben wir jederzeit die Möglichkeit, unsere Welt wieder sinnenfroh zu erleben.

══════ DER KLANG EINER ROSINE ────────────

Lass dich zu einem sinnlichen Wahrnehmungsexperiment einladen:
Such dir eine Rosine, ohne sie gleich zu essen, und nimm sie zwischen die Finger.
Ich habe hier auch eine. Schau dir dieses kleine Etwas an und tue so,

als sähst du ein solches Ding zum ersten Mal.
Was siehst du?
Wenn du willst, beschreibe laut, was sich dir da zeigt.
Ich sehe etwas Schrumpeliges, Braunes mit Rillen. Das Licht scheint zum Teil
hindurch. Der Vergleich mit Bernstein liegt nahe. Hier ist der Stielansatz zu sehen.
Siehst du noch was anderes?
Wie fühlt sich das Ding an?
Meins hier ist weich und formbar. Es fühlt sich rau an und wird immer weicher
zwischen meinen Fingern und klebriger.
Was spürst du?
Meinst du, dass das Früchtchen, wenn wir es ans Ohr halten und leicht drücken,
ein Geräusch macht? Probier mal. Ja, meins knistert! Und deins?
Hättest du das gedacht?
Schnuppern wir mal dran. Wie riecht das? Ich rieche etwas Fruchtiges, Süßes.
Irgendwie auch ledrig herb, gar nicht nur einfach süß. Wie riecht deine Rosine?
Spürst du was im Mund? Bei mir fängt schon der Speichel an zu fließen.
Mein Mund ist bereit zum Kauen und Verspeisen. Aber noch sind wir nicht so weit.

Halten wir das Früchtchen erst mal an die Lippen. Wie fühlt sich das an?
Mich kitzelt es. Und meine Lippen spüren die rauen Rillen der getrockneten Frucht.
Spüren die Lippen diese Rillen deutlicher als die Finger?
Stecken wir die Rosine jetzt zwischen die Lippen und stupsen mit der Zunge dagegen.
Was passiert? Schmeckst du was? Meine Zunge spürt schon die Süße. Spürst du das
auch? Wo schmeckt deine Zunge den süßen Saft, vorne an der Zungenspitze, weiter
hinten oder an den Seiten?
Jetzt nehmen wir die Rosine in den Mund und bewegen sie hin und her. Was spürst
du nun? Mir scheinen die Rillen immer größer zu werden. Auch wird die ganze Rosine
größer und größer im Mund. Wie ist das bei dir?
Ich habe immer mehr Spucke. Ich glaube, jetzt ist es so weit.
Legen wir das Früchtchen zwischen zwei Zähne und schließen die Augen.
Die Kaumuskeln drücken zu und, und, und was spürst du? Bei mir füllt sich der Mund
über und über mit Süße. Diese eine kleine Rosine schmeckt so süß!

═══════════════════

Was haben wir gerade gemacht?

Wir haben mit den Fingern berührt und gespürt, haben gelauscht, gerochen und geschmeckt. Wir haben die Lippen, die Zunge und den Mundraum sinnlich in Berührung mit der Rosine gebracht. Hier haben Sie vielleicht bemerkt, dass die Lippen noch differenzierter spüren können als die Finger. Wenn die Rosine dann zwischen den Lippen steckt, eröffnet sich das intensive Feld der Geschmackswahrnehmung. Geruch und Geschmack stimmen keineswegs überein. Hat die Rosine dann den Mund erreicht, beschäftigen sich die Zunge, die Wangeninnenseiten und der Gaumen mit der Frucht. Hier kann eine nochmalige Steigerung der taktilen Empfindungen wahrgenommen werden. Jetzt fließt der Speichel stark und mit dem Moment des Zerbeißens ergießt sich ein wahrer Regen an Süße im Mund.

Vielleicht haben Sie wahrgenommen, was sich während der Beschäftigung mit der Rosine in Ihnen ereignet hat: Vergleiche und Erinnerungen tauchten bildhaft aus dem Gedächtnis auf. Sie haben sich auf das Essen der süßen Frucht vorbereitet und gefreut oder Ihnen wurde zunehmend unbehaglich, weil Sie keine Rosinen mögen. Wenn Sie das Experiment gemeinsam mit anderen durchführen, regen die Beschreibungen Ihre eigene prüfende Beschäftigung mit dem Gegenstand an. Vielleicht nehme ich etwas ganz anders wahr als meine Nachbarin und möchte ihr widersprechen, sie ergänzen und kontrastieren. Zuweilen wird sogar das eigene Tun (z.B. das Lauschen an der Rosine) als ungewöhnlich oder verrückt empfunden. »Macht man das denn?«, ist vielleicht ein Gedanke, der auftaucht.

Was war so ungewöhnlich an dieser Art der Beschäftigung mit einem bekannten, ja gewöhnlichen Gegenstand? Wir haben uns Zeit genommen, uns auf ihn und unsere Empfindungen konzentriert und wir waren ganz im Moment des Geschehens anwesend. Ähnlich wie ein Kleinkind, das seine Finger erkundet, waren wir achtsam bei der Sache. Unsere gerichtete Aufmerksamkeit und die umfassend sinnliche Wahrnehmung in Muße, verbunden mit der gemeinsamen Beschreibung und Reflexion unseres Begreifens und Wahrnehmens ermöglichten uns ein intensives, freudvolles Erlebnis, das mit sehr wenig Verbrauch – eine Rosine pro Person! – einherging.

Grob- oder feinsinnig?

Vergleiche von Untersuchungen zur Wahrnehmungsfähigkeit aus den 1970er- und 1990er-Jahren zeigen, dass in diesen 20 Jahren die durchschnittliche Wahrnehmungsfähigkeit der Deutschen im Bereich des Geruchs- und Geschmackssinns, des Gehörs und des sexuellen Lustempfindens drastisch abgenommen hat.[26] Um z.B. im Gehirn die gleiche Geschmacksreaktion wie vor 20 Jahren auszulösen, musste ein Reiz in der Dimension »süß« um ein Drittel stärker sein als damals; andere Nahrungsmittel mussten um die Hälfte »salziger« und »saurer« sein, um denselben Geschmackseindruck zu erzeugen, und Bitteres wurde erst wahrgenommen, wenn es doppelt so bitter war. In den 1970er-Jahren konnten die Deutschen im Durchschnitt 300.000 Klänge unterscheiden. In den 1990ern waren es nur noch 180.000 und viele Kinder brachten es schon damals auf nur noch 100.000 verschiedene Klänge. Wurden in den 1970er-Jahren »beachtliche Erregungspotenziale und Erektionen« gemessen, wenn man Männern das Bild einer Frau zeigte, die einen Penis in die Hand nimmt, erregte das 20 Jahre später nur noch eine Minderheit. Wo in früheren Jahrzehnten Bilder von Frauen in Unterwäsche in Versandhauskatalogen die Männer in Wallung brachten, da kamen in den 1990er-Jahren viele Männer nicht einmal mehr bei einem Porno recht in Stimmung. Ist diese Entsinnlichung ein Trend, der sich seitdem fortgesetzt hat? Der Philosoph und Musiker

Theodor Adorno bemerkte jedenfalls schon 1970 in seinem Buch *Erziehung zur Mündigkeit*: »Der tiefste Defekt, mit dem man es heute zu tun hat, ist der, dass die Menschen eigentlich gar nicht mehr zu Erfahrung fähig sind ...«[27]

Um uns orientieren und zurechtfinden zu können, sind wir darauf angewiesen, Reize aus der Umwelt aufzunehmen und zu interpretieren. Die Wahrnehmungsfähigkeit der Sinnesorgane selbst, so ergaben die Untersuchungen, hatte nicht abgenommen, wohl aber die der Sinneszentren im Gehirn. Das Gehirn hatte ein neues Reizlimit gesetzt und sich geweigert, Reize zu verarbeiten, die unterhalb dieses neuen Limits lagen. Reize von außen wurden demnach unverändert aufgenommen. Die Vergröberung fand im Bereich der Umformung und Wahrnehmung der eigenen Signale im Organismus statt. Um ins Bewusstsein durchdringen zu können, sind nun also derbere oder häufig wechselnde Reize von außen nötig. Und tatsächlich hat sich, wie aus der gleichen Untersuchung hervorgeht, z.B. die Schmerzgrenze in Bezug auf Lautstärke deutlich erhöht. Die 100 Dezibel, die in den 1970er-Jahren von Jugendlichen noch als schmerzhaft empfunden wurden, werden heute auf Konzerten und in Diskos klaglos toleriert.

Wenn wir möchten, dass unsere Kinder die Welt und sich selbst mit wachen und feinen Sinnen wahrnehmen und erleben, sind wir aufgerufen, die Lebens- und Lernräume, in denen wir uns bewegen, entsprechend zu gestalten. Der Ingenieur und Bewegungslehrer Moshé Feldenkrais hat darauf hingewiesen, dass »Sensibilität nur wächst, wenn der Reiz vermindert wird«.[28] Je kleiner die Kinder sind, desto wichtiger ist es, Umgebungen zu gestalten, in denen starke Reize nicht dauerhaft wirken. Neben stimulierenden Impulsen brauchen Kinder und Erwachsene unbedingt auch Phasen der Ruhe und Stille.

DIE WELT IN UNS

Der Kreis der Emotionen

GANZ
KÖRPERLICH
EMOTIONAL
GEISTIG
SOZIAL
UMWELTLICH
ÖKOLOGISCH
TRANSPERSONAL
INTEGRAL
EINHEIT

Einladung zum Fühlen

Kleine Kinder sind mit einer natürlichen emotionalen Lebendigkeit ausgestattet. Bei ihnen entstehen Gefühle leicht und schnell und äußern sich unzweifelhaft und eindeutig im ganzen Wesen des Kindes. Wir Erwachsenen dagegen haben gelernt, unsere eigenen Regungen mehr oder weniger so weit im Zaum zu halten, dass uns viele der feineren Emotionen oft gar nicht mehr bewusst werden. Aber wenn wir uns von der Lebendigkeit unserer Kinder berühren lassen, können sie uns mit ihren Gefühlen anregen, selbst wieder lebendiger und ausdrucksvoller zu werden.

═══════ MIT KINDERN LACHEN UND WEINEN ──────────────────

Am besten schließt du deine Augen und richtest deine Aufmerksamkeit zunächst auf deinen Körper und deinen Atem. Nimm wahr, wie der Atem durch deinen Körper fließt und ihn dabei bewegt. Dann richtest du den Fokus deiner Aufmerksamkeit auf den Schatz deiner Erinnerungen. Lass eine Begebenheit vor deinem geistigen Auge wiederentstehen, in der du Zeuge warst, wie ein Kind seine Gefühle deutlich zum Ausdruck brachte.

Begib dich in deiner Vorstellung mitten in diese Situation hinein. Schau dich um, nimm die beteiligten Personen wahr und spüre deinen Körper in dieser Situation. Atme bewusst ein, zwei Atemzüge. Und richte dann deine Aufmerksamkeit auf das Kind vor dir. Wie heißt das Mädchen oder der Junge?

Welches Gefühl erfasst da gerade das ganze Wesen dieses kleinen Menschen? Wie drückt sich das Gefühl in seinem Gesicht, wie in seinen Augen aus? Wie in seinem Körper? Wie in der Stimme? Und in seinen Bewegungen? Wenn dieses fühlende und sich unmissverständlich äußernde Kind sich im Fokus deiner Aufmerksamkeit befindet, halte es dort gegenwärtig und spüre zugleich auch deinen eigenen Körper. Spürst du Veränderungen?

Nimmst du Änderungen in deiner Körperhaltung wahr?

Welche Stimmung oder welches Gefühl spürst du in dir?

Wie möchtest du dich aus diesem Gefühl heraus jetzt zu dem Kind vor dir verhalten? Welche Bewegung und Handlung, welche Worte bahnen sich an?

Wähle in deiner Vorstellung die Handlungsmöglichkeit aus, die deinem Gefühl am besten entspricht. Wenn du möchtest, bewege dich in der Vorstellung oder auch leibhaftig in der entsprechenden Weise, und gib damit deinem Handlungsimpuls spielerisch Raum und Ausdruck.

*Bring dann, wenn du so weit bist, deine Aufmerksamkeit in den gegenwärtigen
Augenblick zurück, öffne die Augen und schließe diese Phase des Experiments mit
einem bewussten Ausatemzug ab.*
Was ist dir aufgefallen?
An welches Gefühl hast du dich erinnert?
Hat das Gefühl des Kindes eine Resonanz in dir erzeugt, die du spüren konntest?
Welche Handlungsimpulse sind in dir entstanden?
Waren dies die gleichen Impulse wie damals in der realen Situation?

Mit diesem Experiment können wir unsere Spür- und Handlungsfähigkeit
nachträglich zu erlebten Situationen kultivieren. Dies unterstützt uns dabei,
später auch in konkreten Situationen achtsam und schwingungsfähig zu sein
und sowohl unseren eigenen Gefühlen als auch den Gefühlen der Kinder Aufmerksamkeit, Raum und Ausdruck zu geben. Dabei ist es interessant zu wissen, dass ähnliche Gehirnareale aktiv sind, wenn wir einen Gefühlsausdruck
bei einem anderen Menschen wahrnehmen, wie wenn wir selbst das gleiche
Gefühl ausdrücken.[29] Forscher von der University of California in Los Angeles
fanden dies heraus, indem sie die Aktivitäten des Gehirns abbildeten, während
ihre Versuchspersonen Gesichter, die Gefühle ausdrückten, erst nachahmten
und dann nur beobachteten. In beiden Fällen waren ähnliche Hirnregionen
aktiv. Die Forscher schlossen daraus, dass, wenn wir uns empathisch in andere
einfühlen, dies neuronal auf dem gleichen Weg geschieht, den auch unser
eigenes Fühlen geht. Wenn wir unsere eigenen Gefühle nicht differenziert
wahrnehmen und ausdrücken können, so lässt sich vermuten, bleibt auch
unser Mitgefühl unterentwickelt. Andererseits kann das auch bedeuten, dass
wir durch das empathische Einfühlen in unsere Kinder schlummernde Fähigkeiten unseres eigenen Gefühlslebens wecken.

> Kinder haben die Fähigkeit, uns tief zu berühren. Sie können uns
> damit zum Fühlen anregen, wenn wir dies zulassen.

Emotionale Lebendigkeit

Als meine vierjährige Nachbarstochter Tanja bitterlich über den Tod ihres Goldfischs Mobby weinte, nahm ihre Mutter sie in die Arme und bestätigte, wie traurig es war, dass Mobby nun nicht mehr lebte. Die Art und Weise, in der sie als Erwachsene ihr trauriges Kind in seiner Trauer begleitete, gab der kleinen Tanja ein Beispiel dafür, welche Haltung sie zu ihrer eigenen Traurigkeit einnehmen kann. Die achtsame Zuwendung der Mutter bestätigte ihr Empfinden. Die unausgesprochene Botschaft an Tanja war: »Ich sehe dich in deiner Traurigkeit, ich nehme dich ernst und bin bei dir.« Ein tröstlich gemeintes »Sei nicht traurig, mein Kind« dagegen hätte zur Leugnung dieses wichtigen Gefühls aufgerufen.

> Wenn wir emotionale Lebendigkeit kultivieren möchten, kann es nicht darum gehen, bestimmte Gefühle nicht zu haben oder zu ignorieren. Stattdessen ist es unsere Aufgabe zu zeigen, wie wir traurig sein können, ohne uns in der Traurigkeit zu verlieren. Unsere zugewandte Aufmerksamkeit für die Gefühle der Kinder schafft den Raum, in dem Gefühle entstehen, sich äußern und wieder vergehen können.

In dem Maße, in dem wir unseren Gefühlsregungen Beachtung entziehen, schwinden unsere Fähigkeiten zur Wahrnehmung der eigenen feinen Regungen (lat. Emotionen). Unsere nach innen gerichtete Resonanzfähigkeit wird dumpf, und nur grobe Erregungen dringen dann noch ins Bewusstsein. Da jedoch all unser Wahrnehmen durch die emotionalen Resonanzen vermittelt ist, die Sinneseindrücke in uns anregen, werden wir auf diesem Wege immer unfähiger, lebendige Erfahrungen zu machen. Wir greifen dann auf die Erinnerungen längst vergangener Erfahrungen zurück und leben in der Vergangenheit.

Kinder dagegen leben so sehr in der Gegenwart, dass sie die Macht haben, die Menschen in ihrer Umgebung ins Hier und Jetzt zu bringen. Das kann sehr freudvoll und beglückend sein, aber auch schwierig. Besonders, wenn Kinder gesetzte Limits überschreiten, sind wir zu Entscheidungen herausgefordert, die nicht immer einfach zu treffen sind.

Liebe und Limits

===== ERINNERUNG ──────────────────────────────────────

Wenn du an deine eigenen Großeltern, Eltern, Erzieher und Lehrer denkst
und dir diejenigen in Erinnerung rufst, die dir gutgetan haben,
welche ihrer Eigenschaften und Fähigkeiten waren es,
die du aus heutiger Sicht als besonders positiv empfindest?
══

Befragen wir die aktuelle Literatur nach Ansichten zu den grundlegenden pädagogischen Qualitäten »guter« Eltern und LehrerInnen, so stimmen viele AutorInnen in zwei wesentlichen Punkten überein. Aufmerksamkeit, Einfühlungsvermögen, Zuwendungsfähigkeit, Zärtlichkeit und verbaler Austausch werden für wichtig erachtet sowie die Fähigkeit zum Setzen klarer Handlungsrichtlinien und absehbarer Konsequenzen für Überschreitungen der gesetzten Limits.[30] Beide Fähigkeiten, sowohl liebevolle Zuwendung als auch klare Begrenzung, können wir fördern, wenn wir selbst unsere achtsame Gegenwärtigkeit kultivieren. Erinnern wir uns an die Geschichte vom Mönch und dem Samurai (siehe S. 22). Häufig bringen wir mit dem Versuch, eine gesetzte Grenze aufrechtzuerhalten, unser Kind in Zorn. Es reagiert dann wie der beleidigte Samurai impulsiv und automatisch, also ohne den Umweg der Einbeziehung vernünftiger Überlegungen.

Unsere Tochter robbte z.B. in ihrem ersten Lebensjahr sehr gern zum Ficus im Wohnzimmer und riss ihm mit Begeisterung Blätter ab. Wenn wir Eltern ihr dabei mit unseren Verboten und Einschreitungen in die Quere kamen, war das ein Anlass für sie, lautstark ihren Unmut kundzutun. Wieder und wieder spielten wir das Spiel mal mit mehr, mal mit weniger Gelassenheit und Humor. In Situationen, in denen wir weniger gelassen waren, bemerkten meine Liebste und ich eine Tendenz bei uns, Lotte auf die nach dem Blatt ausgestreckten Finger zu klopfen. Diesen Impuls deuteten wir als aggressiv und unangemessen. Der Schlag auf die Fingerchen wäre damit vergleichbar, dass der Mönch das erhobene Schwert des Samurai mit einem Gegenangriff pariert hätte. Statt diesem Handlungsimpuls nachzugeben, nutzten wir Eltern, genau wie der Mönch in der Geschichte, unsere Fähigkeit zur achtsamen Selbstreflexion, um die automatische Abfolge von Reiz und Reaktion zu entkoppeln. Dadurch entsteht ein Handlungsspielraum, der Wahlmöglichkeiten für das weitere Handeln eröffnet.

Der Mönch nutzte diesen Raum, um dem Samurai eine direkt-sinnliche Erfahrung der Qualitäten zu ermöglichen, die seiner Ansicht nach Himmel und Hölle ausmachen. Wir Eltern suchten nach Handlungsalternativen, die Lotte unser gesetztes Limit verdeutlichen, ohne dass dadurch unsere Grundhaltung von Achtung und Liebe infrage gestellt wurde. Durch eine körperliche Züchtigung, auch wenn nur angedeutet und symbolisch, hätten wir die uns wichtige liebevolle Grundhaltung verlassen. Also entschieden wir uns für ein laut und deutlich gesprochenes »Nein«. Und wenn das Lottes Aktion nicht stoppen konnte, hoben wir sie auf und setzten sie außer Reichweite der Pflanze wieder ab. Nach vielen, vielen Wiederholungen dieses »Spiels« und nach nicht wenigen abgezupften Blättern ließ Lotte schließlich vom Baum ab. Wir interpretierten das als Erfolg unseres Langmuts. Aus unserer Sicht hatte Lotte unsere von außen gesetzte Grenze verinnerlicht und setzte sich diese Handlungseinschränkung nun selbst.

Auch wir hatten dabei etwas Wichtiges gelernt. Wir waren uns eines eigenen destruktiven Impulses bewusst geworden und hatten einen Weg gefunden, diesen nicht in Handlung umzusetzen und damit vielleicht deutlich mehr Schaden anzurichten, als ein paar abgerissene Blätter es sind. Hätte der Mönch die Hand gegen den angreifenden Samurai erhoben, wäre er mit ihm im selben Augenblick zur Hölle gefahren. Stattdessen zog er es vor, ihn in den Himmel einzuladen. Uns war es gelungen, unserer Tochter und uns selbst gegenüber achtsam und liebevoll ein Handlungslimit zu setzen.

Wir sind aufgerufen, unseren Kindern liebevoll, klar und konsequent Richtlinien für ihr Verhalten in der Welt zu geben. Mehr noch als unsere erklärenden und fordernden Worte zählen dabei unsere Handlungen. Ein Klaps auf Lottes nach dem Ficus ausgestreckte Hand oder eine derbere körperliche Züchtigung wären auch denkbare Erziehungsmaßnahmen gewesen. Welche Botschaft vermitteln wir aber, wenn wir eine destruktive kindliche Handlung durch eigene Destruktivität unterbinden oder ahnden? Vermutlich die, dass in Auseinandersetzungen derjenige überlegen ist, dessen Destruktivität die des Gegners übertrifft. Damit dürften wir ziemlich genau das gegenteilige Lernergebnis von dem erreichen, was wir beabsichtigen. Es scheint, als ob eine Handlung unserer Kinder, die wir unterbinden möchten, in den meisten Fällen eine automatische Reaktion bei uns hervorruft, die bei genauem Hinschauen der Handlung des Kindes ähnelt oder diese sogar übersteigt.

Vielleicht lässt sich dieses Phänomen des spiegelnden Reagierens mit dem Wirken der sogenannten *Spiegelneuronen* erklären. Diese Nervenzellen befinden sich im prämotorischen Kortex, dem Bereich des Gehirns, wo Bewegungen vorbereitet werden. Sie geben Bewegungsimpulse, wenn wir Menschen, die uns bedeutsam sind, bei einer Handlung beobachten. Damit erzeugt das Gehirn einen Handlungsvorschlag zur Wiederholung des wahrgenommenen Vorgangs. Besonders stark sind diese Impulse zwar, wenn wir emotional positive Handlungen beobachten, wie z.B. Lachen[31], doch wissen wir, dass auch destruktives Verhalten das Potenzial zur Wiederholung oder Vergeltung birgt im Sinne von »wie du mir, so ich dir«.

Der Weg aus dem Teufelskreis der Eskalation beginnt immer bei uns. Jedes Mal, wenn wir uns ärgern und Limits setzen wollen, können wir das zum Anlass nehmen, uns selbst die Hand auf's Herz zu legen, um dann unsere Handlungsoptionen an unseren eigenen Standards zu messen. Auf diesem Weg der Achtsamkeit kultivieren wir die Fähigkeit, uns selbst und unsere Kinder liebevoll, ehrlich und bestimmt zu begleiten. Praktisch können wir dabei die folgenden fünf Schritte gehen:

===== HAND AUF'S HERZ – ANSPRUCH UND HANDELN IN EINKLANG BRINGEN –

1. Stopp
Das nächste Mal, wenn du dich über ein Kind, einen Erwachsenen oder über dich selbst ärgerst oder du dich berufen fühlst, die Beachtung von Grenzen einzufordern oder Restriktionen aufzuerlegen, halte einen Moment inne.

2. Hand auf's Herz
Lege eine Hand auf die Herzgegend und spüre, wie es schlägt.
Nimm wahr, wie die Erregung deinen Körper beeinflusst.
Wo im Körper spürst du Regungen? Wie fließt dein Atem?
Spürst du deine Gefühle?
Kannst du auch zu deinem Gegenüber hinspüren?

3. Atme ein und aus

Nimm dir zwei, drei Atemzüge Zeit.

4. Spüre dein Herz und denk nach

Welche Handlung bahnt sich an?

Nutze den Spielraum, der sich durch dein achtsames Gegenwärtigsein öffnet, um zu prüfen, ob diese noch nicht vollzogene Handlung im Einklang mit deinem Anspruch und Ziel steht. Spüre dein schlagendes Herz und frage dich im Herzen, ob du, wenn du diese Handlung ausführst, selbst die Qualitäten verkörperst, die du deinem Gegenüber nahebringen möchtest.

Wenn du magst, tausche in Gedanken die Rollen mit deinem Gegenüber und spüre, wie es sich für dich anfühlen würde, wenn dein Gegenüber so handeln würde, wie du jetzt handeln möchtest.

Entspricht dieses Gefühl dem (Lern-)Ergebnis, das du erreichen willst?

Wenn nicht, dann halte Ausschau nach Handlungsalternativen.

5. Triff eine Entscheidung und handle

Entscheide dich für die stimmigste Handlung und setze sie in die Tat um.

Natürlich wird uns eine solche Entschleunigung in manchen Situationen unmöglich sein. Doch auch im Nachhinein hast du die Möglichkeit, dich in Gedanken in die Situation zurückzuversetzen und diese Schritte zu gehen. Schau, ob sich dir dabei ein neuer Standpunkt eröffnet. Vielleicht ergeben sich Handlungsalternativen, die auch jetzt noch umsetzbar sind. Beginne mit kleinen Ärgernissen. Hier ist es einfacher, aus dem automatisierten Verbund von Reiz und Reaktion herauszufinden. Nutze alle Gelegenheiten zur Kultivierung deiner Achtsamkeit. Kinder sind dabei eine unglaubliche Unterstützung. Experimentiere damit, ab welchem Alter du sie mit dieser Hand auf's Herz-Methode vertraut machen kannst.

Emotionale Intelligenz

Die Fähigkeit, Gefühle und die damit verbundenen körperlichen Veränderungen wahrnehmen zu können und sie zuzulassen, ohne sogleich den damit verbundenen Handlungsimpulsen nachgeben zu müssen, ist Voraussetzung für den intelligenten Umgang mit unseren Gefühlsregungen. Dabei machen unsere Taten den Kindern vor, wie Erwachsene sich tatsächlich verhalten. Vor allem in den ersten Lebensjahren, wenn noch wenige andere Menschen als Vorbilder auftreten, prägen wir als Eltern den emotionalen Stil unserer Kinder. Als Erzieher und Erzieherinnen und als Lehrerinnen und Lehrer beeinflussen wir durch unser Verhalten entscheidend, wie sich die uns anvertrauten Kinder außerhalb der Familie in institutionalisierten Kontexten erleben und verhalten. Emotionale Intelligenz wird dabei nicht entwickelt, wenn wir Gefühlsregungen unterdrücken und verleugnen. Denn unterdrückte Gefühle verwandeln sich über kurz oder lang in latente Aggressivität, dem Gegenteil von Gelassenheit. Oder sie äußern sich als Dauerstress des Organismus und fördern körperliche Beschwerden. Die zu ihrer Unterdrückung notwendige Dauerspannung der Geist-Körper-Einheit begünstigt dann je nach Konstitution die Ausprägung von sogenannten psychosomatischen Symptomen wie Spannungskopfschmerz, Schulter- und Nackenverspannungen, Migräne, Magengeschwüre oder Angst, Panik und Depression.

Häufig sind dauerhaft verspannte Muskeln ein Anzeichen für unterdrückte Gefühle. Wilhelm Reich, ein Schüler von Siegmund Freud und einer der Begründer der Körperpsychotherapie, sprach in diesem Zusammenhang vom »Charakterpanzer«, der in Form von angespannten Muskelgruppen die unterdrückten Handlungsimpulse festhält.[32] Fatal dabei ist, dass ein ständig unter Spannung stehender Körper – ebenso wie ein dauerhaft spannungsarmer Körper – seine emotionale Schwingungsfähigkeit sowie die Sensibilität für emotionale Regungen bei sich selbst und anderen einbüßt. Dadurch wird er immer weniger eigene Regungen zeigen und emotional verkümmern.

Stattdessen möchten wir wie die Saiten einer Gitarre wohlgespannt sein und fähig zum Aufnehmen auch feiner Impulse, die an uns zupfen. Die innere Gestimmtheit entscheidet über unser emotionales Erleben, darüber, wie sehr wir in Resonanz mit der Welt und uns selbst sein können. Das folgende Experiment verdeutlicht, wie unsere Schwingungs- und Resonanzfähigkeit sich je

Die Welt in uns

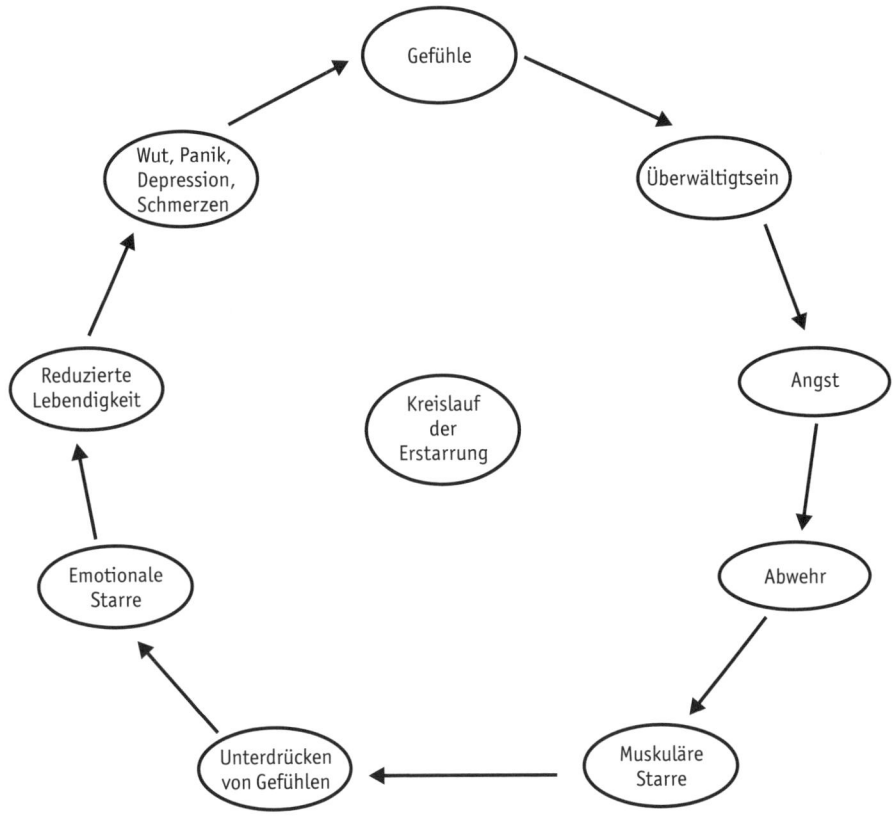

nach unserer Grundstimmung oder Haltung ändert. Die Idee für dieses Spiel stammt von Dr. Edel Maex aus Antwerpen. Es kann mit sechs oder mehr Erwachsenen oder Kindern gespielt werden. Ideal sind zehn bis zwanzig Personen.

HASE, STIER UND KATZE

Die Gruppe steht in einem Raum, der groß genug zum Umhergehen ist. Zuerst bittest du alle, kreuz und quer zu gehen. Dabei wird die Geschwindigkeit allmählich bis zu einem hektischen Hasten mit häufigen Richtungswechseln gesteigert. Dann stoppst du das Gerenne und lässt alle ihre Augen schließen. Du fragst die Teilnehmenden, was sie im Innern spüren, und ermutigst sie zum Aussprechen ihrer Empfindungen. Häufig genannt werden schneller Atem, schlagendes Herz und Aufregung.

Nach dieser Anwärmphase beginnt nun das Spiel, indem du die Gruppe einlädst, die Augen geschlossen zu halten und rückwärts durch den Raum zu gehen. Bei der Berührung mit einer anderen Person gilt die Regel, mit dem inneren Gefühl von »Upps, entschuldige, das wollt' ich nicht« zur Seite zu treten, um dabei den Weg frei zu machen wie ein erschrockener Hase. Es ist sinnvoll, der Gruppe, bevor es losgeht, freizustellen, dass, wer möchte, jederzeit die Augen öffnen kann oder auch nicht mitzumachen braucht. Wer lieber von außen zuschaut, wird zum Beobachter und kann hinterher aus dieser Rolle wichtige Informationen beitragen. Dann beginnt das Spiel. Wenn du das Gefühl hast, dass alle sich gut in dieser Rolle eingefunden haben, unterbrichst du und gibst die Instruktionen für den nächsten Schritt. Dabei bleiben die Spielregeln die gleichen, nur bewegen und begegnen sich nun alle mit der inneren Haltung von »Weg da, das ist mein Weg«, so wie ein aufgebrachter Stier vielleicht vorgehen würde. Dabei wird es meist etwas lebhafter. Manchmal kann es sinnvoll sein, darauf hinzuweisen, dass es dabei nicht darum geht, den anderen Schmerzen zuzufügen. Nach zwei, drei Minuten unterbrichst du wieder für die Beschreibung der nächsten Schritte. Dabei bleiben die Spielregeln weiter bestehen und die Haltung ändert sich so, dass bei einer Begegnung nun beide für einen Moment innehalten, sich leicht wie eine anschmiegsame Katze an die andere Person anlehnen, um in Kontakt mit ihr zu kommen und sich dann wieder trennen. Auch diese Phase dauert einige Minuten.

Nach dem Durchspielen der drei Haltungen formt die Gruppe einen Kreis und du bittest sie, nun die Varianten zu mischen. Dazu zählt die Gruppe in Dreiern ab. Alle Einsen beginnen mit der Rolle der flüchtenden Hasen. Die Zweien sind die durchpflügenden Stiere und die Dreien die anschmiegsamen Katzen. Nach einer Weile stoppst du wieder und bittest, die Rollen zu wechseln. Aus den Hasen werden Stiere, aus den Stieren Katzen und aus den Katzen werden Hasen. Nach dieser Runde wird ein letztes Mal gewechselt, sodass schließlich jeder einmal alle Rollen eingenommen hat.

Das anschließende Gespräch über die Erlebnisse findet am besten im Sitzen statt. Mit deinen Fragen leitest du diesen Austausch und es liegt an dir, welche Themen vertieft werden. Es ist sinnvoll, nacheinander darüber zu sprechen, wie sich die Teilnehmenden in den einzelnen Haltungsvarianten gefühlt haben. Frage dazu ihre Körperwahrnehmungen, Gefühle und Gedanken nach. Dabei magst du vielleicht zuerst an die Durchgänge erinnern, in denen alle dieselbe Haltung verkörpert *haben. Wie hat sich der Körper in der Hasenvariante gefühlt? Hast du dich eng oder weit gefühlt, beklommen oder selbstbewusst? Wie war die Stimmung dabei? Hast du dich irgendwann einsam gefühlt, stark oder wohlig? Was hat dir Angst gemacht oder den Atem genommen? Wie hast du dich erlebt und wie die anderen? Falls es Beobachter von außen gibt, können sie hier wertvolle Eindrücke beisteuern, die die Stimmung in der Gruppe und die von außen sichtbaren Unterschiede in der Körperhaltung betreffen. Interessant ist es auch, nachzuforschen, ob es zwischen den Varianten Unterschiede im Hinblick auf die Wahrnehmung der anderen gab. In welcher Rolle hast du am deutlichsten gespürt, welcher Gattung diejenigen angehörten, mit denen du Kontakt hattest? In welcher am wenigsten deutlich? Gab es eine Variante, die dir ganz fremd oder unangenehm war?*

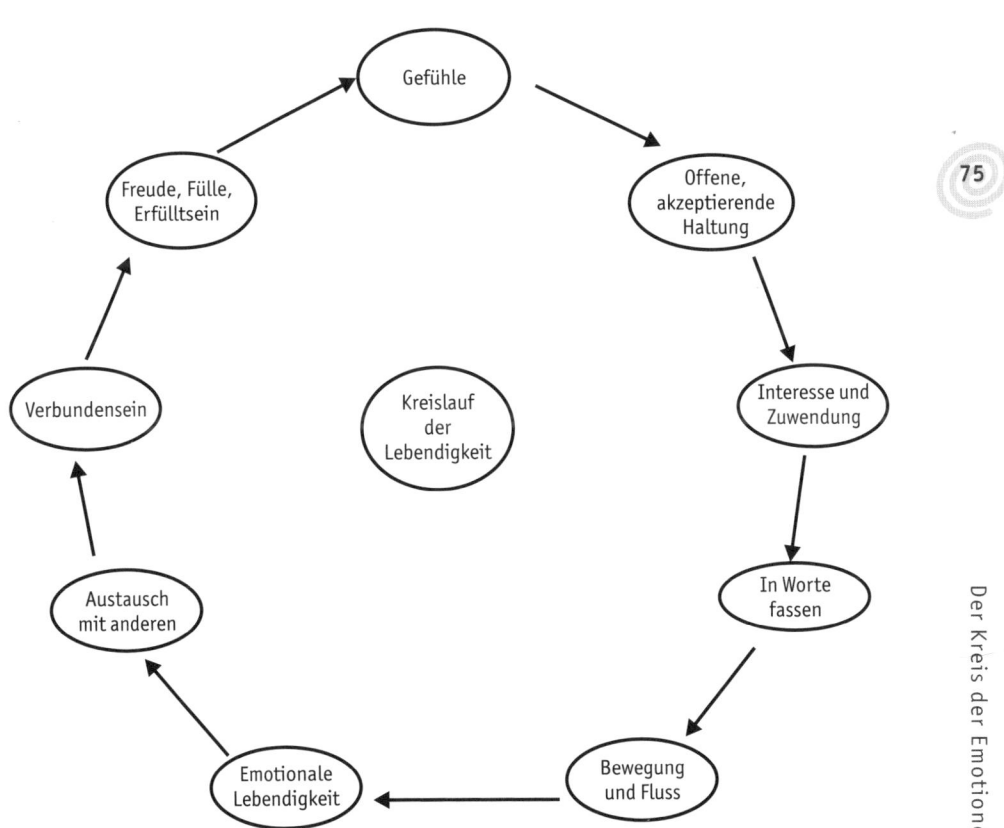

Ein möglicher Endpunkt der Diskussion kann es sein, festzustellen, dass die meisten von uns Haltungspräferenzen haben, mit denen wir der Welt begegnen. Diese können wir vielleicht als emotionalen Stil bezeichnen. Dabei ist keiner der drei Stile an sich schlecht. Jeder hat seine Zeit und Situation. Schade wäre es jedoch, wenn wir dauerhaft nur einen Stil zur Verfügung hätten und starr auf diese eine Variante des Fühlens und Handelns fixiert wären. Es ist gut, wenn uns Wahlmöglichkeiten offenstehen, aus denen wir je nach Situation intelligent auswählen können. Wer immer nur wie ein Hase flüchtet oder wie ein Stier durchpflügt, wird einsam und unglücklich. Wir möchten aber schwingungsfähig auf die Impulse in unserem Leben reagieren können, möchten bis ins hohe Alter offen für Neues und empfänglich für die Wunder des Lebens sein. In Lao Tses Weisheitsbuch *Tao Te King* heißt es dazu:[33]

> Der Mensch ist weich und zart, wenn er geboren wird;
> wenn er gestorben ist, ist er steif und starr.
> Gräser und Bäume sind biegsam und zart,
> wenn sie das Licht der Welt erblicken;
> wenn sie tot sind, sind sie dürr und trocken.
> Darum ist das Harte und Starre dem Tod nahe,
> das Zarte und Nachgiebige ist dem Leben nahe.

Wahrhaftig sein

Experimente wie das von Hase, Stier und Katze schaffen Gelegenheiten, über Gefühle zu sprechen. Dabei gleicht unser Interesse am ehesten dem von Forschern, die sich mit offener, ja staunender Entdeckerfreude ein ihnen neues Territorium erschließen. Wir betrachten unsere Gefühle ohne die in Auseinandersetzungen üblichen emotionalen Verstrickungen. Wir sind dabei weder besonders erregt noch machen wir einander Vorwürfe oder haben das Gefühl, uns gegen Angriffe verteidigen zu müssen. Wir schauen uns die während des Experiments entstandenen Gefühle mit Gelassenheit und Neugier an. Dabei suchen und finden wir Worte für das, was wir gefühlt haben. Die Sache des Moderators ist es, so nachzufragen, dass die Worte aus der Verbindung der

Aufmerksamkeit mit dem leib-seelischen Erleben entstehen. Wenn jemand z.B. berichtet, er oder sie hätte Freude oder Traurigkeit empfunden, kannst du fragen, woran sie oder er das gespürt hat. War eine bestimmte Körperhaltung damit verbunden? Ein Gefühl von Weite oder Enge? War ein Druck zu spüren, eine Spannung oder ein Fließen? Wie ging der Atem dabei? Wir laden durch ein forschendes und zugleich liebevoll mitfühlendes Fragen dazu ein, die Aussagen so konkret werden zu lassen, dass die Botschaft der Worte aus einer spürbaren Verbindung mit dem körperlich-sinnlichen und dem emotional stimmungsbezogenen Erleben entsteht. Damit regen wir ein Sprechen an, das sich am besten als wahrhaftig bezeichnen lässt. Im Abschnitt über Körpersprache war bereits die Rede davon.

Wahrhaftiges Sprechen kann mit einem buchstäblichen Ringen um Worte verbunden sein, da konventionelle Ausdrücke dann neu darauf untersucht werden, ob sie das innere Erleben stimmig und gut wiedergeben. Kindern gelingt dieses Sprechen mit Herz oft besser als Erwachsenen, da sie in ihrem Gebrauch der Sprache noch frischer und weniger auf Konventionen eingeschliffen sind. Aber auch Erwachsene nehmen diese Einladung zur nicht-trivialen, kreativen Verwendung von Sprache gern an, wenn sie erleben, wie sie dadurch in einen Austausch mit sich und anderen gelangen, der tief und bedeutsam ist. Gespräche können so zu einer Praxis des achtsamen Gewahrseins werden. Wunderbare Zugänge zu solch heilsamem Sprechen bieten z.B. die Methoden des Psychodramas nach Moreno[34] und der Stressbewältigung durch Achtsamkeit nach Kabat-Zinn[35].

Wenn wir als Eltern, Erzieherinnen und Lehrer diese Form des wahrhaftigen und bedeutsamen, weil von Herzen kommenden Sprechens über uns und unsere Gefühle praktizieren, befähigen wir auf natürlichem Wege auch unsere Kinder dazu. Wir können sie dazu einladen, indem wir sie z.B. bei Erlebnisberichten fragen, was sie gesehen, gehört, gerochen und gespürt haben und welche Körperempfindungen und Gefühle sie dabei hatten. Wenn das Kind das möchte, können wir dann gemeinsam sein Erleben durch Spüren und erspürtes Sprechen erforschen.

Wenn kleine Kinder, die noch nicht ausreichend sprechen können, Gefühle äußern, ist es sinnvoll, diese zu benennen. Wenn z.B. die vierjährige Tanja vor Wut am Boden strampelt und schreit, beugt sich ihre Mutter nach einer Weile zu ihr und fragt freundlich, ob das Schreien ihr schon geholfen habe, mit der Wut umzugehen. Darauf antwortet Tanja dann manchmal entweder mit ja und hört auf zu schreien oder mit nein, worauf die Mutter sie einlädt, weiterzuschreien und ihr Bescheid zu sagen, wenn es mit der Wut besser geworden ist.

> Durch die Praxis des wahrhaftigen und herzlichen Sprechens pflegen wir eine Kultur der emotionalen Achtsamkeit. Wir alphabetisieren damit sozusagen die innere Wahrnehmung. Sie wird dadurch feiner, vielschichtiger und differenzierter. Und wir integrieren zugleich die wahrnehmenden Funktionen unseres Geistes mit jenen, die Bedeutung zuschreiben und uns Wahlmöglichkeiten eröffnen. Gefühle, auch starke negative Gefühle, können dann zugelassen werden und präsent sein, ohne dass wir ihren Impulsen hilflos ausgeliefert wären.

SPRECHEN MIT HERZ

Nimm dir eine Woche lang jeden Tag Zeit für die Kultivierung körperbezogenen Sprechens.

Am Morgen, vor dem Aufstehen, oder abends, wenn du schon im Bett liegst, sind gute Zeiten dafür.

Lass dazu deine innere Landschaft vor deinen Augen erscheinen.
Begegne allem in dieser Landschaft mit freundlichem Interesse.
Was und wer auch immer dir dort begegnet, du heißt sie willkommen.
Alles, was dort existiert, hat seine Daseinsberechtigung.

Nimm die Formen und Farben der Landschaft wahr und die Stimmung,
die über dem Ganzen liegt.
Wenn dir das angenehm ist,
schenke dem Bereich deines Herzens besondere Aufmerksamkeit und Zeit.
Lass dein inneres Territorium ganz präsent und deutlich werden, und öffne dann die
Verbindung zwischen den Wahrnehmungen und deiner Ausdrucksfähigkeit.
Welche Worte formen sich,
um das Innere zu beschreiben?
Wenn es passt, dann gib ihnen durch Sprechen oder Schreiben Ausdruck.

Finde einen guten Abschluss für diese Reise,
eine Geste, ein simples Ritual, mit dem du einen jeden Besuch beendest.

Wenn du diese Praxis beginnst, schau,
ob und wie dies deine Beziehung zu dir selbst verändert.
Und wie wirkt das Sprechen mit Herz auf deine Beziehung zu Kindern?

Lebens-Kunst

Neben der Sprache gibt es natürlich noch weitere Wege, wie Gefühle in eine handhabbare und mitteilbare Form gebracht werden können. Musik, Tanz und szenische Darstellung, Malerei, Plastik und Fotografie, selbst Architektur und Landschaftsgestaltung – alle Künste sind Wege, die innere Welt in eine fassbare Form nach außen zu bringen. Jeder gestalterische kreative Prozess kann das ermöglichen. Da Menschen hier unterschiedliche Begabungen und Vorlieben haben, ist es wichtig, Kinder schon frühzeitig mit diesen Kulturtechniken vertraut zu machen. Eine Kindheit ohne Poesie, Theater, Musik und Kunst ist eine arme Kindheit. Das Leben ist so reich. Lassen wir unsere Kinder an seiner Fülle teilhaben, damit sie ihre Sprache finden, mit der sie sich selbst verstehen und in der sie ihre einzigartige Stimme zum Ganzen beitragen können.

ERFÜHLTE KUNST

Wenn du und dein Kind ein Kunstwerk, z.B. ein Bild, vor euch habt, dann ist es gut, euch Zeit zu nehmen für Kontemplation und Austausch.
Lass dir auch selbst Zeit für die Betrachtung.
Lass das Bild auf dich wirken, nimm deine aus der Resonanz oder Dissonanz entstehenden Herzensregungen wahr und teile dann mit, welche Gefühle das Bild bei dir hervorruft.
Lass dabei Raum für die Mitteilungen des Kindes.
Wie wirkt das Ganze? Gibt es Figuren oder Details, die für sich wirken?
Wie mögen sich die Figuren im Bild fühlen? Woran siehst du das?
Was drücken Haltung und Gesicht aus?

Würdest du dich in dieser Situation auch so fühlen?

Erzählt das Bild eine Geschichte?

Haben wir etwas Ähnliches schon einmal selbst erlebt?

Wie stellt der Künstler die Gefühle dar? Wie verwendet er Licht, Farbe und Formen dafür? Wenn ihr zu mehreren das Bild betrachtet, kann es spannend sein, wenn ihr unterschiedliche Gefühle empfindet. Hier ist es wichtig, anzuerkennen, dass Unterschiedliches fühlbar ist und gefühlt wird. Öffne den Raum für die Vielfalt.

Tun und Sein

Linus ist anderthalb. Er sitzt beim Fenster zum Garten.

Draußen scheint die Sonne und der Wind weht. Die Sonne scheint durch die winterlich kahlen Äste der alten Kastanie vorm Haus ins Zimmer.

Linus betrachtet das Spiel von Licht und Schatten auf der weißen Wand neben dem Fenster.

Die dunklen Formen auf dem weißen Grund scheinen zu leben. Linus sitzt und schaut und ist ganz in das Auf und Ab der Schemen vertieft. Mal bewegen sie sich rhythmisch hin und her. Dann folgt eine Pause, bis die Schatten mit einer heftigen Bewegung wieder zu tanzen beginnen. Linus sitzt und schaut und ist ganz glücklich dabei. Irgendwann hat er genug und greift zum Spielzeugtraktor.

In solchen Momenten wachsen wir wie Mais in der Nacht, schreibt Henry David Thoreau in seinem 1854 erschienen Buch *Walden*.[36] Viele Kinder überlassen sich gern hin und wieder diesen Momenten der stillen Kontemplation. Sie scheinen dann von einem ganz besonderen Zauber umgeben zu sein. Haben Sie sich schon einmal von einem Kind zu solch stillem Schauen inspirieren lassen? Probieren Sie es einmal aus. Es gibt fast keine Arbeit, die dann nicht ein paar Minuten ruhen könnte. Gönnen Sie sich einmal den Luxus und lassen sich von diesem Zauber berühren und ergreifen. Es entstehen dann besonders kostbare Erlebnisse des gemeinsamen Seins mit dem Kind.

Jon Kabat-Zinn, der seit den 1970er-Jahren an der University of Massachusetts Achtsamkeitsmeditation für Patienten und Ärzte in die Schulmedizin einge-

Die Welt in uns

führt hat, beschreibt die Qualität solcher kostbaren Momente, wenn wir uns »in das Jetzt hinein entspannen, so wie es sich darbietet, ohne es zu manipulieren«.[37] Diesen ungewohnten Zustand des nur wahrnehmenden, rezeptiven Anwesendseins im Moment nennt er »Seins-Modus« im Unterschied zum »Aktions-Modus«, in dem wir uns meist befinden. Dieser gewohnte »Aktions-Modus« ist bestimmt von Effektivität und Zweckmäßigkeit. Dabei geht es immer darum, möglichst schnell mit geringstem Aufwand das Höchstmaß eines angestrebten Ziels zu erreichen. Der Weg dorthin wird vom Ziel her bestimmt und die eingesetzten Mittel erhalten ebenfalls ihren Wert in Bezug auf dieses Ziel. Ist ein Ziel erreicht, dient es wiederum der Erreichung eines nächsten Ziels.

Wenn wir verlernt haben, auch im Seins-Modus zu leben, dann besteht die Gefahr, dass uns alles zum Instrument für etwas anderes wird. Ruhe, Stille, einfach da sein sind für Aktionsmenschen unbekannt oder unerträglich. Doch wenn alles nur als Mittel zu einem zukünftigen Zweck taxiert und verwendet wird, reißt der Kontakt zum Hier und Jetzt ab. Innehalten und Anwesendsein fehlen dann in unserem Leben. Wenn alles Tun nur zukunftsorientiert ist, wird ein Spüren nach innen im Jetzt unmöglich. Das Zwiegespräch mit dem tiefsten Kern unseres eigenen Selbst bleibt dann verwehrt, da die Anrufe aus unserem Innern ungehört verhallen. Eine Orientierung nach innen unterbleibt, denn die tiefen und bedeutsamen Wahrheiten schreit das Innere nicht heraus, sondern teilt sie mit leiser Stimme mit.

> Kinder haben die sanfte Kraft, uns an die wirklich wichtigen Aspekte im Leben zu er-»innern«. Lassen wir uns von unseren Kindern ins Sein einladen. Genießen wir diese Augenblicke, in denen der Druck der Zeit von uns abfällt und wir in die immerwährende Gegenwart eintreten.

Kinder wählen nicht, wann sie vom Tun-Modus in den Seins-Modus wechseln. Sie lassen es einfach geschehen. Je näher die Kinder dem Erwachsenenalter kommen, umso seltener werden diese Momente des absichtslosen Schauens bei den meisten, denn Erziehung und Bildung legen uns nahe, aktiv und nützlich oder doch wenigstens beschäftigt zu sein. Unsere Kultur scheut die Leere, als sei sie gleichbedeutend mit Tod. Statt im Wechselspiel der sich bedingenden Pole von Aktivität und Ruhe, von konzentriertem Fokus und offenem Gewahrsein zu schwingen, sind wir aus der Balance geraten und stecken fest in hamsterradartiger Aktivität, die sich bei genauer Betrachtung oft ohne Sinn leer um sich selbst dreht. Das Fernsehprogramm gibt z.B. beredtes Zeugnis davon ab.

Wir leben getrieben, als seien wir auf der Flucht, weil jeder Moment uns zur Vorstufe eines späteren Moments geworden ist. Dann, so hoffen wir, erreichen wir das Ziel und Ruhe kehrt ein, was aber nie geschieht. Kinder haben die Macht, uns aus dieser Not zu befreien. Wenn wir empfänglich für die Stimmung unserer Kinder sind, wenn wir uns mitfühlend auf sie einschwingen können, dann finden wir durch ihre natürliche Präsenz in der Gegenwart erneut Zugang zur einfach nur schauenden Daseinsform. Und in dem sich dann auftuenden Raum der Gegenwärtigkeit ändert sich plötzlich die Perspektive, aus der unsere erwachsenen Augen und Herzen die Welt und uns selbst wahrnehmen. Was eben noch drängend wichtig schien und einen Großteil unserer Kraft, Zeit und Aufmerksamkeit in Anspruch nahm, tritt dann vielleicht in seiner Wichtigkeit zurück und gibt den Blick frei auf das Eigentliche.

Die Welt in uns

Der Kreis des Geistes

GANZ
KÖRPERLICH
EMOTIONAL
GEISTIG
SOZIAL
UMWELTLICH
ÖKOLOGISCH
TRANSPERSONAL
INTEGRAL
EINHEIT

Wahrnehmen heißt gestalten

Schau dir die folgende Abbildung an. Was siehst du?

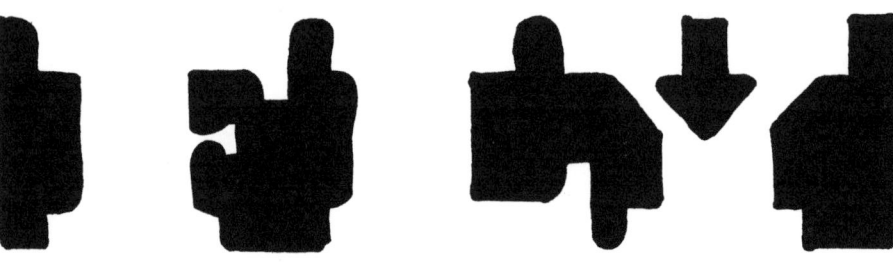

Puzzleteile, die nicht so richtig zusammenpassen? Grundrisse von Gebäuden?
Die einzige Form, für die wir einen Namen nennen können, ohne unsere Fantasie
schweifen zu lassen, ist die zweite von rechts. Sie sieht aus wie ein Pfeil, der nach
unten zeigt. Wenn wir uns fragen, warum du und ich und andere Menschen diese
Bezeichnung wählen und darin übereinstimmen, macht dies deutlich, dass wir uns,
ohne es zu wissen, mit den Menschen in unserer Umgebung auf Namen für einige
Erscheinungen in der Welt geeinigt haben. Was annähernd so aussieht wie die zweite
Figur von rechts, nennen wir »Pfeil«.
Für die anderen Figuren haben wir keine gemeinsamen Namen. Das lässt Raum für
Fantasien und kreative Ideen, weil wir uns für diese Figuren selbst Bedeutungen und
Namen ausdenken können. Wie wäre es, wenn auch diese Art des Begreifens der Welt
gefördert und gewertschätzt würde? Wir haben die Freiheit dazu. Wir müssen uns
nicht auf Lernformen beschränken, die auf die Wiederholung von festgelegten
Inhalten abzielen.
Vielleicht siehst du in der Abbildung drei Buchstaben. Wer die lateinische Schrift
lesen kann und ein bisschen Englisch versteht, liest dann das Wort »FLY«. Wenn das
auf dich zutrifft, dann gehörst du zu einer kleinen Gruppe von Menschen. Die
meisten von uns sehen als erstes schwarze Formen auf weißem Grund, denen wir
dann versuchen, Bedeutung zuzuschreiben. Für manche kehrt sich jedoch früher
oder später die Wahrnehmung um, und sie sehen die weißen Zwischenräume als
Figur im Vordergrund vor einem schwarzen Hintergrund. Wenn das schwerfällt, hilft
es, zwei Bögen dunkles Papier oben und unten so hinzulegen, dass alle Figuren von

Die Welt in uns

*den Bögen wie von einem Rahmen berührt werden. Siehst du, wie die Buchstaben,
die eben noch Hintergrund waren, plötzlich nach vorne treten? Sobald sie sich im
Vordergrund unserer Wahrnehmung befinden, schreibt unser Geist ihnen Bedeutung
zu. Um das tun zu können, vergleicht er die Formen blitzschnell mit allem, woran er
sich erinnert, und sucht nach wiedererkennbaren Gestalten. Wer also die Buchstaben
des lateinischen Alphabets kennt, dessen Geist wird Fly erkennen.*

In dem Moment, in dem wir die Formen sehen, sortiert unser Geist sie schon
in sein Ordnungssystem ein. Bei diesem Experiment betrifft der erste Sortier-
gang die Entscheidung zwischen Figur und Grund. Danach richtet der Geist
die Aufmerksamkeit auf die als Figuren identifizierten Formen und führt uns
damit auf eine Fährte, die bei diesem Experiment nicht zum gewünschten Ziel
führt. Das Kategoriensystem des Geistes funktioniert gut für Routineaufgaben
wie das Erkennen von Personen und Gegenständen im Raum oder beim Lesen.
Alles, was nicht in dieses Schema passt, nehmen wir entweder gar nicht wahr,
oder wir erleben einen Moment der Unsicherheit.

Aufmerksamkeit

Die Kategorien unserer Wahrnehmung bilden das Wegweisersystem für
unsere Aufmerksamkeit. Neben Figur und Grund sind weitere Kategorien z.B.
hell und dunkel, bewegt und unbewegt, bekannt und unbekannt, bedrohlich
und unbedrohlich, schön und hässlich usw. Das aus vielen Kategorien bestehende Sortiersystem leitet unsere Aufmerksamkeit, die darüber entscheidet,
welche Erscheinungen in der Welt wir bewusst wahrnehmen und welche
nicht. Die Ökonomie unseres Geistes sorgt dafür, dass wir aus der schier
unendlichen Fülle an Reizen, die in jedem Moment für uns wahrnehmbar
sind, nur einen winzigen Bruchteil bewusst wahrnehmen. Um eine Idee von
der Fülle an möglichen Wahrnehmungen zu bekommen, eignet sich folgendes Experiment.

Richte deine Aufmerksamkeit auf deine Haut.

Vielleicht magst du dabei die Augen schließen.

Spüre, wie deine Füße den Boden berühren.

Nimm den Kontakt der Strümpfe um die Füße wahr.

Spüre deine Zehen. Berühren sie einander?

Nimm den Kontakt der Hose auf der Haut wahr und den des Hemdes.

Wo berührt der Stoff die Haut? Wo berührt ein Körperteil ein anderes?

Was spürst du noch auf der Haut? Ringe, Ketten, eine Uhr und dein Haar?

Eine Brille vielleicht oder eine Kopfbedeckung?

Was spürst du im Körper?

Wie sitzt oder stehst du?

In welchen Winkeln stehen deine Gelenke?

Gemeint sind alle deine Gelenke.

Spürst du irgendwo Schmerzen oder kribbelt es?

Wo befindet sich deine Zunge? Berühren sich deine obere und untere Zahnreihe?

Und die Lippen?

Atmest du durch Nase oder Mund? Sind beide Nasenlöcher frei?

Öffne nun den Fokus deiner Aufmerksamkeit ein, zwei Atemzüge lang,

und halte die Fülle der Körperwahrnehmungen in deinem Gewahrsein.

Entlasse dann deine Aufmerksamkeit und beende das Experiment.

Was hast du bemerkt? Ist dir etwas besonders aufgefallen?

All diese Wahrnehmungen und noch viele, viele andere sind jederzeit dem Bewusstsein zugänglich, aber nur einen winzigen Teil davon nehmen wir tatsächlich wahr. Das Gleiche trifft auf die Sinnesbereiche des Riechens und Schmeckens, des Hörens, des Sehens und des Denkens zu. In jedem Moment wählt unsere Aufmerksamkeit einige wenige Wahrnehmungen aus dieser Fülle aus. Und das ist dann »unsere« Welt.

Der amerikanische Philosoph und Psychologe William James (1842–1910) beschrieb diese Beobachtung vor über 100 Jahren in seinen 1890 erschienenen *Principles of Psychology*:

»Das praktische und theoretische Leben sowohl der ganzen Spezies als auch der Individuen resultiert aus der Auswahl, die die gewöhnliche Ausrichtung der Aufmerksamkeit mit sich bringt ... Durch die Art, wie er den Dingen Aufmerksamkeit schenkt, trifft jeder von uns im wörtlichen Sinn eine Wahl, welche Art Welt es sein soll, in der er leben will.«[38]

James vergleicht den Akt des Wahrnehmens mit der Kreativität eines Künstlers, der aus seinem Material auswählt und es bewusst gestaltet. Dabei bestimmt nach James der gemeinsame Wahrnehmungsrahmen innerhalb einer historisch gewachsenen Gemeinschaft gewissermaßen eine Vorauswahl an Wahrnehmungsstrukturen, die ihrerseits ein gesellschaftliches Miteinander ermöglicht. Denn nur, wenn wir ähnliche Aspekte wahrnehmen und für wichtig halten wie die Menschen um uns, können wir einander verstehen und zusammenleben und -arbeiten. Erwachsene Menschen, die die Welt deutlich anders wahrnehmen als die meisten anderen Menschen in ihrer Umgebung, werden deshalb als »verrückt« bezeichnet.

Bewusst sehen

Das bewusste oder achtsame Sehen ist ein weiterer Schritt zur Vergegenwärtigung der Gesetze unserer eigenen Wahrnehmung und der Wahlmöglichkeiten, die wir beim Wahrnehmen der Welt haben. Es lässt sich am besten in einem Raum mit einem Fenster üben, das idealerweise einen weiten Blick nach draußen zulässt. Auch im Freien kann man es wunderbar praktizieren. Eine kontemplativ-spielerische Stimmung passt dazu am besten, ebenso wie das Gefühl, Zeit zu haben.

=========== AUGEN-BLICKE ———————————————————

Das folgende Experiment beschäftigt sich mit dem Richten des Blickes und dem auswählenden Sehen. Ich werde Vorschläge zum Sehen machen und Fragen stellen. Schau, was du damit machen möchtest. Nimm sie als Einladungen zum Experimentieren, wenn du möchtest. Wenn dir schwindlig wird oder du Widerwillen verspürst, dann ignoriere meine Vorschläge einfach.
Wir schauen aus dem Fenster.
Lass deinen Blick schweifen.

*Du nimmst zunächst einmal das gesamte Bild wahr, das vom Fensterrahmen umfasst
wird, die einzelnen Gegenstände, Häuser, Bäume, Menschen etc.*

*Schau dir dann die verschiedenen Ebenen an, aus denen das Bild aufgebaut ist:
Vordergrund, Mittelgrund, Hintergrund, die Flächen und Farben.*

Suche dir einen Punkt, den du fixieren möchtest.

Konzentriere den Blick auf diesen Punkt und halte ihn dort.

Wie nimmst du jetzt die Umgebung des Punktes wahr?

Was geschieht mit dem Rest des Bildes?

Kannst du weiter den Punkt fixieren und zugleich das ganze Bild wahrnehmen?

*Lass den Fokus jetzt weich werden. Der Blick bleibt dabei weiter auf den Punkt
gerichtet, aber die Augenmuskeln entspannen sich und der Blick wird unscharf.*

Was geschieht dabei mit dem Punkt, den du im Fokus hast?

*Probiere, ob du den Fokus der Aufmerksamkeit verändern kannst,
ohne die Augen dabei zu bewegen. Ist das möglich?*

*Wie fühlt es sich an, wenn sich die Aufmerksamkeit jetzt gleichmäßig über das
gesamte Bild verteilt? Kannst du ihn sich ausdehnen lassen, bis er das ganze Bild
umfasst?*

Lass die Augen sich jetzt wieder scharf auf einen neuen Punkt konzentrieren.

Kannst du, wenn du so schaust, ohne den Kopf zu bewegen,

Teile von dir selbst sehen?

Die Nase, die Oberlippe, andere Körperteile?

Nimm wahr, dass es dein Körper und dein Geist ist, die sehen.

*Schaue dann weiter nach draußen und werde dir dabei deines Körpers von innen her
bewusst.*

Komme mit der Aufmerksamkeit zu dir selbst, halte aber die Augen weiter offen.

Spürst du deinen Atem?

Deinen Körper?

Gedanken?

Gefühle?

Was geschieht mit deinem Blick, wenn du die Aufmerksamkeit nach innen richtest?

Spürst du, wie dein Körper sich mit dem Atem bewegt?

Du bist mit der Aufmerksamkeit nun ganz bei dir.

Beim Atem und beim Körper.

*Dabei schaust du nicht mehr aktiv greifend nach draußen,
sondern lässt das Licht passiv nach innen ein.*

Deine Augen sind geöffnet, und du nimmst den Raum um dich wahr.

Du spürst dich in diesem Raum.
Dann entlässt du deine Aufmerksamkeit und beendest das Experiment langsam.
Wenn es dir nach Räkeln, Strecken, Gähnen zumute ist, dann tue das.

Ist Ihnen etwas aufgefallen, das Sie in Worte fassen können?

Vielleicht mögen Sie sich in Zukunft von Zeit zu Zeit an dieses Experiment und Ihre Erfahrungen dabei erinnern. Experimentieren Sie damit, Ihnen im Alltag vor Augen zu führen, dass Sie mit Ihrem Sehen die Welt um sich in gewisser Weise wie ein Künstler gestaltend erschaffen. Schauen und bemerken Sie dieses Schauen. Fragen Sie sich dabei: »Wer schaut? Wer sieht?«

Staunen

Wenn Kinder auf die Welt kommen, beginnt ihr Geist mit dem Erschaffen von Wahrnehmungskategorien. Das beginnt schon im Mutterleib. So beschreibt der Neurobiologe Gerald Hüther, dass Kinder am leichtesten die Sprache erlernen, die sie bereits vor ihrer Geburt im Mutterleib gehört haben.[39] Diese Klänge sind ihnen dann schon vertraut und jedes neu gehörte Wort passt sich ein in das sich formende Abbild von erinnerten Lauten und Regelstrukturen. Bei Kindern ist das entstehende Sortiersystem für die Wahrnehmungen noch individuell und wenig festgelegt, weil es noch nicht sehr lange benutzt wird und noch nicht so stark mit den Systemen anderer Menschen übereinstimmt. Das heißt, dass Kinder sehr häufig Dinge wahrnehmen, die ihr Geist nicht sofort in ein Kategoriensystem einsortiert. Diese neuen, interessanten und aufregenden Dinge bleiben dann für eine Weile im Fokus der Aufmerksamkeit gegenwärtig.

Tanja betrachtet den Stein in ihrer Hand lange und intensiv.
Sie ist interessiert und wach mit ihm beschäftigt.
Sie spielt mit ihm, staunt über dieses Ding und hat Freude daran.
Wo Mutter, Vater und die großen Geschwister nur einen Stein sehen,
wie es Tausende gibt, sieht Tanja diesen einen Stein hier,
der so kleine Glitzerpunkte hat, so angenehm in der Hand liegt,
immer wärmer wird und irgendwie nach Feuer riecht.

Der kindlich frische Blick auf die Welt und ihre Dinge fühlt sich nicht nur lebendig und angenehm an, er ist auch die Voraussetzung für Kreativität und neue Erkenntnisse. Je wacher und offener wir uns in der Welt bewegen, desto interessanter und erfüllter ist unser Leben; desto mehr Fragen, die geklärt werden wollen, haben wir und desto mehr Anlässe und Herausforderungen finden wir, um uns zu engagieren und unsere Fähigkeiten zu nutzen und weiterzuentwickeln.

Von Einstein stammt folgender Ausspruch dazu:[40]

Das Schönste, was wir erleben können, ist das Geheimnisvolle. Es ist das Grundgefühl, das an der Wiege von wahrer Kunst und Wissenschaft steht. Wer es nicht kennt und sich nicht wundern, nicht mehr staunen kann, der ist sozusagen tot und sein Auge erloschen.

Das Geheimnis von Einsteins Genialität bestand wohl genau darin, staunend das Geheimnisvolle in den scheinbar gewöhnlichen Erscheinungen zu sehen, interessiert und wach Erklärungen für scheinbar Selbstverständliches zu suchen und unkonventionell kreativ Verbindungen zwischen scheinbar Getrenntem zu sehen. In den vergangenen Jahrhunderten waren Erziehung und Schule in erster Linie dazu angelegt, den Kindern diese auf ganz natürliche Weise vorhandenen Fähigkeiten abzugewöhnen und auszutreiben, um sie durch Konformität zu ersetzen. Kreativität, Eigen- und Tiefsinn, Forschergeist und Staunenkönnen waren fast immer Eigenschaften, die Erwachsene sich *trotz* Erziehung und Schulnormen und gegen die Konventionen ihrer ZeitgenossInnen erhielten. Die Bildungs- und Erziehungseinrichtungen orientierten die Kinder vor allem auf den Erhalt der bestehenden Ordnung. Veränderungen wurden zum großen Teil gegen diese im wahrsten Sinne des Wortes konservativen Bestrebungen durchgesetzt. Zum großen Teil ist das immer noch so. Doch der Widerstand dagegen wächst, denn der Bedarf an konformen Arbeitskräften, die akkurat ausführen, was andere ihnen vorgeben, sinkt rapide.

Worüber staunst du? Was bewegt dich zum Wundern?

Kennst du Momente, wo etwas, das sonst alltäglich erschien,

plötzlich in einem neuem Licht erscheint?

Wo spürst du dieses Staunen dann?

Wie staunt dein Körper?

Welches Gefühl hast du dabei?

Bewegt dich dieses Staunen zu Gedanken oder Handlungen in deinem Leben?

Hat die Wahl deines Berufs, deines Partners oder deiner Partnerin oder auch

deiner Hobbys vielleicht mit einem ähnlichen Erlebnis und Gefühl begonnen?

Hast du bei der Geburt von Kindern Ähnliches gespürt

oder beim Tod eines lieben Menschen?

Vielleicht warst du selbst schon einmal dem Tod nahe

und hast über deine Rückkehr zum Leben gestaunt.

Hat das deine Sicht auf die Welt und deine Rolle im Leben verändert?

Welches Gefühl hast du, wenn du in den klaren Nachthimmel schaust?

Oder in die Augen eines Kindes?

Gönne dir solche Momente des Staunens oft und immer wieder neu.

Herausforderungen

Bisher scheint es für den Erhalt der Menschheit wichtig gewesen zu sein, dass die Mehrheit der Erwachsenen im Zuge ihrer Sozialisierung, Bildung und Erziehung den Großteil ihres Staunens, ihrer Neugier, ihrer Intelligenz und ihrer gestalterischen Fähigkeiten einbüßen sollte. Darauf waren die Bildungs- und Erziehungssysteme im Wesentlichen ausgerichtet. Die Ideen einiger weniger Menschen reichten aus, um die Menschheit zu erhalten und zu entwickeln. Mittlerweile stehen aber Herausforderungen vor uns, bei deren Bewältigung wir nicht länger auf die Impulse einer Minderheit bauen können. Zu den drängendsten Herausforderungen gehören dabei die durch den Konsum industriell gefertigter, minderwertiger und billiger Nahrung in Kombination mit körperlicher Inaktivität entstehenden Gesundheitsschäden. Wir sind dabei, uns kollektiv krank, dumm und depressiv zu essen. Diese Herausforderung können wir nur bewältigen, wenn Millionen von Menschen hier bald anfangen, intelligente Entscheidungen zu treffen.

Eine zweite ernstzunehmende Herausforderung betrifft das Finden von friedlichen Lösungen für die vorhandenen sozialen und politischen Konflikte. Das Vorhandensein solcher Konflikte ist nicht neu. Was aber die aktuelle Bedrohlichkeit ausmacht und das Finden von konstruktiven Lösungen dringlicher denn je erscheinen lässt, ist die globale Verfügbarkeit von Massenvernichtungsmitteln, die mittlerweile auch Organisationen zugänglich sind, die die Regeln der Diplomatie nicht anerkennen. Auch beim Finden und Umsetzen von Lösungen für diese Herausforderung können wir nicht auf die Ideen einiger weniger bauen. Wir alle sind gefragt und bestimmen durch unser Handeln im Alltag das soziale und politische Klima mit.

Die dritte Herausforderung betrifft unser Konsumverhalten und die Zukunft des Planeten. Die Probleme sind bekannt und einige grundsätzliche Lösungen auch. Viele neue Ideen dafür, wie wir Gewohntes, aber auf Verbrauch von Ressourcen Beruhendes neu erfinden können, warten jedoch noch darauf, gefunden und umgesetzt zu werden. Mit beinahe jeder Kaufentscheidung, die beinahe jeder von uns beinahe täglich trifft, tragen wir heute entweder zum Raubbau an den Ressourcen oder zu ihrem Erhalt bei. Auch hier ist ein neuer Blick gefragt, der uns staunen lässt über die Schönheit und Lebensfreundlichkeit unseres Planeten, die an ein Wunder grenzt; ein neuer Blick, der uns die Verletzlichkeit der Erde sehen lässt und unsere Macht und Verantwortung für den Erhalt des Lebens.

Viele Herausforderungen stehen vor uns und fordern unseren frischen, von Gewohnheit und träger Bequemlichkeit freien Blick heraus. Wenn wir ab sofort die Lernbedingungen so gestalten, dass die in jedem Kind angelegten Potenziale zur Gestaltung unserer gemeinsamen Zukunft leichter und freudvoller zur Entfaltung kommen können, stehen die Chancen sehr viel besser, dass genug Menschen mit diesem Blick auf die Wirklichkeit schauen und mit genialen Ideen zum Wohle des Ganzen beitragen.

Das Ende des Bescheidwissens

Sokrates wusste und lehrte, dass er nichts wusste. Das traf bei seinen Zeitgenossen auf wenig Wertschätzung. Heute haben wir ein größeres Bewusstsein für die Vorläufigkeit und Ausschnitthaftigkeit dessen, was wir zu wissen meinen. In unserer unmittelbaren Nachbarschaft leben heute wahrscheinlich deutlich mehr Menschen als je zuvor, die auch eine deutlich andere Sicht auf die Welt haben als wir. Das macht unser Wissen und unseren Glauben jedoch nicht weniger richtig und bedeutsam für uns. Spätestens wenn wir aber mit uns unverständlichen Ansichten und Glaubenssätzen in Berührung kommen, die für unsere Nachbarn aber richtig und bedeutsam sind, wird die begrenzte Gültigkeit unserer Sicht deutlich. Sokrates' Wissen um die Relativität allen Wissens hat daher für uns heute wesentlich mehr Bedeutung als für seine Zeitgenossen, die in einer viel homogeneren Wissens- und Glaubensgemeinschaft lebten.

Doch Nichtwissen ist eine Fähigkeit, die uns im herkömmlichen Lehr- und Lernbetrieb immer noch systematisch abtrainiert wird, da Nichtwissen von den »Bescheidwissern« mit Inkompetenz und daher mit Minderwertigkeit gleichgesetzt wird. Wenn wir als Kinder erleben, dass unser Nichtwissen belacht und bestraft wird, lernen wir bald, keine Fragen mehr zu stellen, um uns keine weitere Blöße zu geben. Damit versiegt der Quell kindlicher Offenheit, der uns in frühen Jahren freudvoll die Welt entdecken ließ. Wir sind dann bestrebt, unsere Wissensblößen bedeckt zu halten, und beschränken uns auf das Wissen, das schon allgemein bekannt und als wahr anerkannt ist. Wie langweilig.

Wenn es uns gelänge, offen und interessiert zu bleiben oder wieder zu werden, wären wir ein Leben lang wach und entdeckerfreudig. Um herauszufinden, wie wir als Erwachsene unsere natürliche Fähigkeit zum Fragenstellen wiederbeleben können, sind uns die unverschulten Kinder wunderbare Helfer. Sie sind Meister im Nichtwissen und Fragen. Machen wir sie also zu unseren Meistern. Wir können von ihnen lernen, selbst wieder zu staunen und zu fragen. Und wenn wir dann, mit diesen neuen alten Fähigkeiten ausgerüstet, die Räume und Beziehungen gestalten, in denen Lehren und Lernen geschieht, ermöglichen wir damit, dass sich die Kinder diese Fähigkeiten erhalten können.

Schau einmal, ob du gerade ein Thema findest, zu dem du eine deutliche Meinung hast. Sei es zum Thema Mülltrennung, zu vegetarischer Ernährung, zu Atomstrom, Volksmusik oder dem Erhalt der Königshäuser. Wähle etwas, wozu du einen relativ stark ausgeprägten Standpunkt darüber vertrittst, was gut und schlecht, sinnvoll oder unsinnig ist. Suche dir ein Thema, das dir wichtig ist und formuliere deinen Standpunkt in Form von Aussagen, wie z.B. »Die Erzeugung von Atomstrom ist sinnvoll, weil wir nur so jetzt und in Zukunft unseren Bedarf an Elektroenergie decken können.«

Sprich diese Aussage aus und richte dabei deine Aufmerksamkeit auf deinen Körper. Was nimmst du wahr?

Spürst du Weite oder Enge, Leichtigkeit oder Schwere, Wärme oder Kühle oder andere Qualitäten im Körper oder in einzelnen Bereichen deines Körpers?

Benenne diese Empfindungen und ordne sie den Orten zu, wo du sie empfindest. Welches Gefühl hast du dabei?

Ist es Freude, Ernsthaftigkeit, Indifferenz, Ärger oder ein anderes Gefühl?

Welche innere Haltung nimmst du bei dieser Aussage ein? Bist du überzeugt, dass diese Sicht die richtige ist? Bist du bereit, deine richtige Sicht gegen falsche Positionen zu verteidigen? Verspürst du Angriffslust oder Überzeugungseifer, um deiner Sicht Gewicht zu verleihen? Wenn ja, wo in deinem Körper nimmst du dies wahr? Wie gehst du damit um?

Was hilft dir, zu bemerken und zu verstehen, dass du eine Meinung vertrittst und nicht die absolute Wahrheit?

Bisher bestimmte das Ringen um das richtige Wissen, das, wenn es als solches erkannt ist, das falsche Wissen ersetzt, das Bewusstsein der Lehrenden und Lernenden in den Schulen und zu Hause. Doch diese Haltung des Recht-haben-Wollens ist in ihrer Absolutheit nicht mehr haltbar. Wir wissen heute, dass Fakten und Wahrheiten selten absolut richtig sind. Neben dem Vermitteln von Fakten und Zusammenhängen von Fakten muss daher immer auch die Vermittlung der Kontexte und Bedingungen treten, in und unter denen die jeweiligen Fakten richtig und bedeutsam sind.

Noch wird dies beim Lehren in der Familie und in den Schulen zu selten beachtet. Wir selbst können das jedoch ändern, indem wir ab sofort Fakten immer im Kontext vermitteln, in dem sie gelten. Dazu ist es notwenig, unser eigenes Wissen ebenfalls in seinem Zusammenhang wahrzunehmen. Dieser Kontext ist z.B. die Kultur, die Sprache, das ganz persönliche Leben. Die Einladung lautet also, uns achtsam unsere eigene Haltung zu unserem Wissen und zum Wissen anderer zu vergegenwärtigen, um das Fällen vorschneller Urteile zu vermeiden.

Wir wollen Schulen, in denen sich LehrerInnen und SchülerInnen von ihren Themen bewegen und berühren lassen, wo Bedeutsamkeit nicht durch unpersönliches Expertenwissen ersetzt wird. Blinde Wissenschaftlichkeit verhindert die lebendige Erfahrung und die persönliche Bedeutsamkeit der behandelten Inhalte, wenn sie wie ein Schutzschild vor dem Herzen getragen wird. Theodor Adorno beschrieb diese Gefahr 1961 in einem Vortrag im Frankfurter Studentenhaus:[41]

> Wissenschaftliche Approbation wird zum Ersatz der geistigen Reflexion des Tatsächlichen, in der Wissenschaft erst bestünde. Der Panzer verdeckt die Wunde. Das verdinglichte Bewusstsein schaltet Wissenschaft als Apparatur zwischen sich selbst und die lebendige Erfahrung. Je tiefer man ahnt, dass man das Beste vergessen hat, desto mehr tröstet man sich damit, dass man über die Apparatur verfügt.

In der Schule sollte es viel weniger um die Reproduktion von kanonisierten »Fakten« gehen, als vielmehr um die Kultivierung der Neugier, der Erkenntnisfreudigkeit und der Fähigkeit, selbst Fakten zu erschließen und ihre Bedeutung beurteilen zu können. Horst Rumpf und Ernst-Michael Kranich fordern daher in ihrem Buch *Welche Art von Wissen braucht der Lehrer?* von den Lehrern, ihre Rolle als Bescheidwisser aufzugeben:[42]

> Lehrer brauchen ein Wissen, das offen ist für die Überschüsse und Unbekanntheiten der Welt; das also der immer lauernden Gefahr entgeht, sich vor die Welt - die es zu klassifizieren und zu erklären beansprucht - zu postieren. Und damit das Gegenteil von dem bewirkt, was es zu bewirken beansprucht.

Die Suspension gewohnter Gedanken

Welchen Weg können wir einschlagen, um unsere Urteile zurückzuhalten, obwohl wir doch wissen, was aus unserer Sicht richtig ist? Wenn alle Standpunkte gleichermaßen richtig sind, wird dann nicht alles beliebig? Bleibt uns nur die Flucht aus der Wissenschaft, die Abkehr von der »Apparatur«, um das »Beste« wiederzufinden? Wie sollen wir das Bescheidwissen ablegen, wo wir doch Jahrzehnte unseres Lebens darauf verwandt haben, uns Wissen und einen Expertenstatus anzueignen? Die Hippie- und die 68er-Generation haben die Negation des »Establishments« schon probiert. Auch die antiautoritäre und antipädagogische Bewegung kam und ging, ohne dass die Probleme, die mit der Verteidigung einer bestehenden Ordnung einhergehen, dadurch verschwunden wären. Sowohl die aus Angst und Gewohnheit entstehende Konformität mit dem Hergebrachten als auch die wütende Ablehnung eines etablierten Systems sind blind, weil sie beide ausschließliche Ansprüche stellen und sich dabei ihrer eigenen Bedingtheit und Begrenztheit nicht bewusst werden. Die VertreterInnen beider Positionen nehmen sich und ihre Gedankengebäude schlicht zu ernst.

Der Samurai zieht sein Schwert, der Mönch aber geht weder in Verteidigung oder Gegenangriff, noch flieht er oder nimmt Deckung. Er tritt stattdessen aus dem Strom der Zeit heraus und eröffnet damit einen völlig neuen Schauplatz. Und er tut dies nicht allein, sondern er lädt seinen Schüler und beinahe Mörder ein, mit ihm dort hinzugehen. Dieser Schauplatz ist das Bewusstsein für die gegenwärtige geistige Befindlichkeit beider. Die Betrachtung ihres momentanen Seins eint die Gegner, die dabei nicht einmal ihren Standpunkt aufzugeben haben. Der Neurowissenschaftler Francisco Varela nannte diesen Schritt »Suspension, indem wir uns selbst aus dem gewohnten Strom der Gedanken herausnehmen«.[43] Wenn wir diesen Schritt gegangen sind, unser Urteilen, Bescheidwissen und Recht-haben-Wollen zumindest vorläufig suspendiert haben, können wir in dem sich öffnenden Freiraum wie der Samurai mit ungeahnter Milde und Nachsicht auf unsere Gedanken, Konzepte und Modelle von Wirklichkeit und Recht blicken. Dadurch lockern sich die Verbindungen zu unseren gewohnten Voreingenommenheiten. Und »wildes« oder kindlich frisches Schauen wird wieder möglich. Wir haben dann die Möglichkeit, staunend in die Zeit zurückzuschauen, um das Gewordensein unserer Gedanken,

Meinungen und Ansprüche transparent vor uns zu sehen. In diesem Schauen können wir sie sein lassen und nehmen sie nicht länger persönlich.

Sobald wir in den Strom der Zeit zurückkehren, nehmen wir vielleicht unsere Sicht der Dinge wieder ein, sind jedoch befreit vom Zwang, sie verbissen verteidigen zu müssen. Diese Haltung fördert kreatives und bedeutsames Lernen, wie Ellen Langer, Lernforscherin an der Harvard University, in vielen Experimenten belegen konnte.[44]

Wissen und Nichtwissen

Es ist wunderbar befreiend, wenn wir uns gestatten, nicht zu wissen. Sobald Sie beginnen, diesem Zustand Raum zu geben, bemerken Sie vielleicht, wie ein Teil von Ihnen dies kritisch beäugt und vielleicht auch abwertet. Wie gehen wir dann am besten mit dem inneren Bescheidwisser um? Seien wir freundlich zu ihm. Er ist als Reaktion darauf entstanden, dass Sie selbst unfreundlich und bevormundend behandelt wurden. Unfreundlichkeit und Abwehr stärken den inneren Bescheidwisser. Freundlich zugewandte Akzeptanz dagegen lässt ihn einfach sein. Nutzen wir diese Erfahrung mit der wunderbaren Kraft der Freundlichkeit auch im Umgang mit Kindern. Die Transparenz, die unser eigenes Gewordensein für uns annimmt, lässt uns auch das Werden der Kinder mit Freude und Achtung begleiten. Und Liebenswürdigkeit und Nichtwissen lassen sich natürlich wunderbar gemeinsam mit anderen praktizieren.

===== DER OFFENE MOMENT =========================

Das nächste Mal, wenn dir von außen oder von innen eine Frage kommt, die du nicht sofort beantworten kannst, bleibe für einige Atemzüge in diesem Raum der Offenheit und Ungewissheit.

Vielleicht bemerkst du deine Tendenz, diesen offenen Raum sofort verlassen oder schließen zu wollen. Lass diese Tendenz sein, ohne sie zu bekämpfen und verweile mit ihr.

Sei ganz gegenwärtig und begleite deine Versuche, entweder eine Antwort zu finden oder das Fragen abzuwerten mit deinem achtsamen Gewahrsein.

Bezeuge deine Aktivitäten, ohne dich ihnen ganz zu überlassen.

Suspendiere alles Urteilen und Tun, halte deine Aufmerksamkeit in der Schwebe.

Als Anker für deine Aufmerksamkeit im gegenwärtigen Moment nutzt du am besten deine Wahrnehmungen für deinen Atem und deinen Körper.

Du spürst, wie das Einatmen deinen Körper bewegt und weitet und du nimmst wahr, wie dein Körperraum sich mit dem Ausatmen ein wenig zusammenzieht, um sich dann mit dem nächsten Einatmen wieder zu weiten.

Vielleicht gelingt es dir, dich in dem offenen Fragenraum für eine Weile so einzurichten, dass du trotz der vorhandenen Aktivitäts- oder Leugnungsimpulse mit einem gewissen Maß an Gelassenheit hier verweilen kannst.

Lass das Nichtwissen Raum greifen.

Hast du körperliche Wahrnehmungen dabei?

Erscheinen Bilder, Farben oder Töne in deinem Innern? Regen sich Gefühle?

Lass die Offenheit des Nichtwissens deinen Wahrnehmungsraum freihalten.

Und bemerke, wie dieser Zustand des Offenseins nach einiger Zeit zu einem Ende kommt, indem vielleicht etwas Überraschendes eintritt – oder du zu deinen alltäglichen Aktivitäten zurückkehrst.

98

Lernen in Gegenwärtigkeit

Lernen findet am besten in Momenten statt, wenn wir voller Interesse und Begeisterung aktiv und staunend wirkliche, lebendige Erfahrungen machen. Neue Informationen nehmen wir auf und speichern sie im Gedächtnis, wenn wir sie als relevant für uns einstufen. Je komplexer die Anknüpfungen des Neuen an bereits in unserem Gedächtnis vorhandenes Material sind, desto bedeutsamer empfinden wir es und desto besser erinnern wir es auch später. So ergab ein Vergleich zwischen der herkömmlichen Form des frontal unterrichteten schulischen Vokabellernens und szenischem Lernen in gespielten Situationen einen deutlich höheren Lerneffekt bei der lebensnahen Theaterform, die körperliche, emotionale und geistige Aktivitäten vereinte. SchülerInnen einer siebten, achten und neunten Klasse behielten mit der szenischen Methode etwa doppelt so viele neue Wörter im Gedächtnis.[45]

Überhaupt ist das Theaterspielen eine wunderbare Schule. Enja Riegel berichtet in ihrem schönen Buch *Schule kann gelingen* begeistert davon.[46] Keinem Kind sollten die Herausforderungen und Entwicklungsmöglichkeiten des Theaterspielens vorenthalten werden. Verkörperung, Einfühlung und Ausdrucksfähigkeit, Erinnerungsvermögen und Teamgeist werden dabei geschult. Erlebte und dadurch bedeutsame Beziehungen zu literarischen Texten und ihren Autoren eröffnen sich. Historische Ereignisse und Fremdsprachen werden lebendig. Auch das Erlernen handwerklicher und technischer Fertigkeiten kann mit Theaterprojekten verbunden werden. Und der Lernerfolg gipfelt in einer Aufführung und in der öffentlichen Anerkennung der gemeinsam vollbrachten Leistung.

Doch auch das schlichte Lesen literarischer und wissenschaftlicher Texte kann mit achtsamer Gegenwärtigkeit verbunden werden. Dies geschieht, wenn wir den SchülerInnen mit dem Text einen Raum eröffnen, in dem sie sich auch selbst in Bezug zu den gemachten Aussagen wahrnehmen können. Der amerikanische Pädagoge Parker Palmer spricht vom »common space« – dem gemeinsamen Raum, den ein Text eröffnen kann und in dem die SchülerInnen einander begegnen, wenn sie sich über die gelesenen Inhalte austauschen.[47] Als Moderatoren der Diskussion ist es unsere Aufgabe, zum Knüpfen von Verbindungen zwischen der Sphäre des Textes und der individuellen Sphäre der SchülerInnen einzuladen und die Aufmerksamkeit der Gruppe immer wieder zum Text und seiner Bedeutung zurückzulenken. Dabei lässt sich eine Kunst des befragenden Lesens üben, die einerseits die Fülle der Anknüpfungen an das eigene Erleben und Denken zulässt und zur Bedeutungsschöpfung nutzt, zum anderen eine Art Abstinenz von eigenen Meinungen und Überinterpretationen praktiziert, indem sie dicht am Material des Textes bleibt. Das befragende Lesen verbindet damit das Sprechen mit Herz mit der Suspension des einengenden Urteilens.

Beim Lehren und Lernen können folgende, von Helmut Wilke[48] aufgestellte Kriterien hilfreich sein, uns selbst und unser Wissen im Fluss zu halten:

- Wir revidieren unser Wissen kontinuierlich.
- Wir sehen unser Wissen permanent als verbesserungsfähig an.
- Wir betrachten unser Wissen nicht als Wahrheit, sondern als Ressource.
- Unser Wissen ist untrennbar mit Nichtwissen gekoppelt.

Die Basis für Lernen in Gegenwärtigkeit legst du durch all die Momente, die du in der Fülle des Augenblicks erlebst. Gönne dir diese Momente oft, aber versuche nicht zu sehr, andere Menschen dazu zu bekehren. Du wirkst durch deine Präsenz und deine Handlungen viel mehr als durch Worte. Wenn es dir sinnvoll erscheint, erfinde Experimente, die die Bedeutsamkeit der folgenden Aussagen spielerisch erkunden:

- *Lernthemen knüpfen am besten an vorhandene Interessen und persönliche Bezüge an.*
- *Sie schaffen einen gemeinsamen Fokus für die Aufmerksamkeit der Beteiligten.*
- *Eine aktive Beschäftigung mit dem »Stoff« bezieht mehrere oder alle Sinne ein.*
- *Das Gelernte möchte in eine Form gebracht werden (Sprache, Bild, Bewegung oder Musik).*
- *Sprechen von Herzen ist willkommen.*
- *Urteile und Meinungen werden leichtgenommen bzw. suspendiert.*
- *Wenn es passt, kann die Aufmerksamkeit auf die Bedingtheit von Urteilen und Wahrheiten gelenkt werden.*
- *Momente der Stille und des achtsamen Gewahrseins dürfen sich einstellen.*
- *Es bleibt Raum für Nichtwissen und Ungeplantes.*
- *Ermutigung und Bestätigung wecken Lust auf mehr.*

WIR MITEINANDER IN DER WELT

Der soziale Kreis

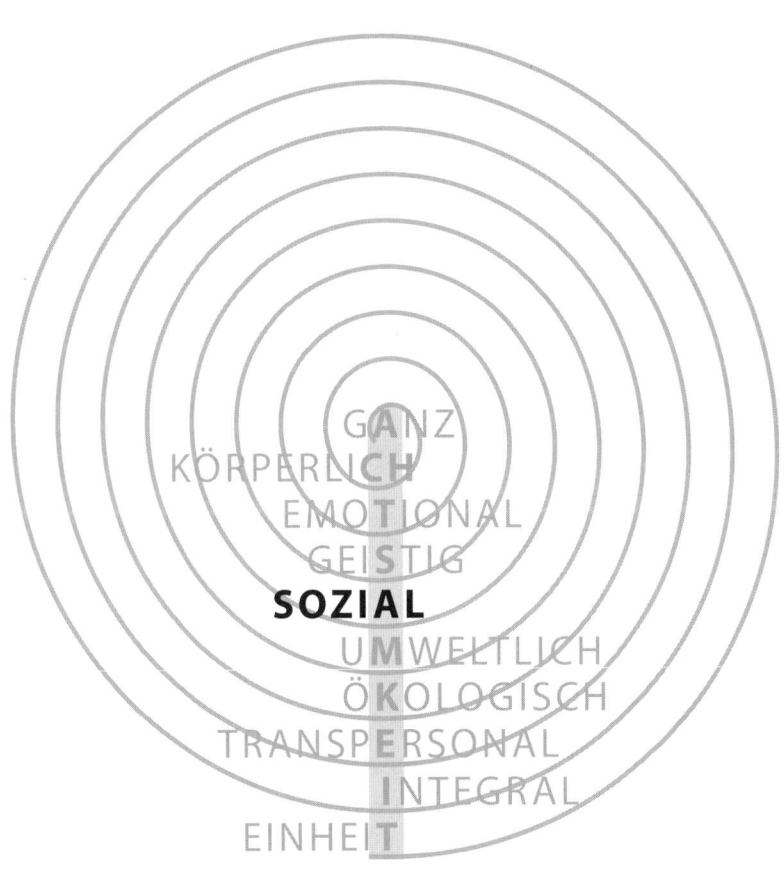

GANZ
KÖRPERLICH
EMOTIONAL
GEISTIG
SOZIAL
UMWELTLICH
ÖKOLOGISCH
TRANSPERSONAL
INTEGRAL
EINHEIT

»Ja, ich habe dich lieb«

Kinder möchten von uns gesehen werden. Das Leuchten in unseren Augen nährt ihre Seele. Sie erhalten dadurch die Bestätigung: »Ja, ich hab dich lieb. Ich bin glücklich, dass du lebst und ich freue mich über dieses Wunder.« Wenn diese Botschaft ihr Leben von Anfang an begleitet, dann stehen die Chancen gut, dass sie später weder von nagenden Selbstzweifeln noch von zwanghaftem Ehrgeiz gepeinigt werden.

Kinder brauchen lebendige Beziehungen in der Familie, im Kindergarten und in der Schule. Wenn wir nicht wirklich präsent für sie sind, leiden sie Mangel und sind sich ihrer selbst unsicher. Die ungestellte Frage, die dann ihr Leben bestimmt, lautet: »Was muss ich *tun*, damit Vater, Mutter oder LehrerIn mich wirklich sehen?« Und wenn unser Kind eine Antwort darauf findet, wird dieses Tun für sein Leben über die Maßen wichtig und es wird sich fortan darüber definieren. Noch auf dem Grabstein kann dann vielleicht zu lesen sein, was es im Leben vollbracht hat. Findet es keine Antwort, dann wird es sich wertlos fühlen und immer wieder abgrundtief traurig sein. Alles, was ihm hilft, diese Trauer für eine Weile nicht zu spüren, drängt sich ihm dann in den Vordergrund seines Lebens.

> Wie wir als Erwachsene uns auf das Kind beziehen und ihm gegenüber verhalten, welche Botschaften wir ihm über sich selbst, über uns und die Welt vermitteln, trägt entscheidend dazu bei, wie es sich in diesem Moment und in der Zukunft erlebt und verhält.

Auf der Suche nach dem Geheimnis guten Lehrens befragte der amerikanische Pädagoge Parker Palmer, SchülerInnen und Studierende nach ihren Erfahrungen.[49] Eine junge Frau brachte es für ihn auf den Punkt, als sie sagte, sie könne unmöglich ihre guten Lehrer beschreiben, weil sie alle so unterschiedlich wären. Die schlechten Lehrer dagegen seien gleich. Wenn sie unterrichten, so sagte sie, wäre es, als ob die Worte, die sie sprechen, vor ihren Gesichtern schwebten wie die Sprechblasen in Comics. Beeindruckt von dem starken Bild, fragte Palmer weiter nach und erfuhr, dass die junge

Frau all jene Lehrer als schlechte Lehrer empfand, bei denen sie weder eine Verbundenheit mit ihren Schülern noch mit den Inhalten ihres Unterrichts erlebte.

Als Eltern, Erzieher und Lehrer haben wir natürlich auch mit Kindern »zu tun«. Dabei kann und soll nicht immer nur der liebende Blick über allem schweben. Doch er hat immer wieder seine Momente. Meist sind es eher die leisen Augenblicke, die dazu einladen.

Zeit, Aufmerksamkeit und Zuwendung

Kinder fordern unsere Aufmerksamkeit ein. Und wenn ein Kind sich sicher sein kann, dass es regelmäßig Aufmerksamkeit geschenkt bekommt, muss es nicht zu extremen Maßnahmen greifen, um bemerkt und beachtet zu werden.

Jedes Kind hat ein Recht darauf, dass wenigstens ein Erwachsener sich jeden Tag für wenigstens ein paar Minuten Zeit für es nimmt.

»DEIN« KIND

Vielleicht hast du die Möglichkeit, dir ein Kind aus deiner Umgebung zu wählen, dem du jeden Tag Zeit, Aufmerksamkeit und Zuwendung schenken magst. Das müssen nicht Stunden sein. Experimentiere mit ein paar Minuten. Schau, dass ihr euch regelmäßig begegnet und lass dich dann ohne einen bestimmten Plan auf das Kind ein. Wenn ihm deine Anwesenheit angenehm ist, wird es Kontakt zu dir aufnehmen und dich vielleicht in sein Leben einbeziehen. Schenke ihm deine ungeteilte Aufmerksamkeit. Wenn du eure Zeit zeitlich begrenzen möchtest, dann teile das mit und beende eure Begegnung so, dass das Kind sich auch darauf einstellen kann. Verabschiede dich herzlich.

Aufregung

Wenn wir verstehen wollen, warum uns ein bestimmtes kindliches Verhalten sehr missfällt und aufregt, dann führt uns diese Suche unweigerlich zu unserer eigenen Geschichte. Vielleicht erleben wir es z.B. beinahe als persönliche Beleidigung, wenn ein kleines Mädchen »grundsätzlich« nie seinen Teller ganz leer isst. Dann lohnt es, den Grund dafür suchen. Vor allem die Ansprüche und Erwartungen unserer Eltern und Lehrer an uns sind es, die wir dann entdecken können. Wenn wir heute bemerken, dass wir bei unseren Kindern darauf drängen, dass sie alles, was auf dem Teller liegt, aufessen, obwohl uns selbst diese Maßgabe als Kind missfallen hat, haben wir diese ungeliebte Vorgabe zu unserer eigenen Maxime gemacht. Je mehr wir uns persönlich gekränkt fühlen, wenn unser Kind heute eine unserer Erwartungen nicht erfüllt, desto wahrscheinlicher ist es, dass wir selber als Kind diese Vorgabe abgelehnt haben. Denn mit psychischem Druck, Liebesentzug oder mit körperlichem Zwang wurden wir damals dazu diszipliniert, Folge zu leisten. Dabei haben wir diese erzwungene Maßgabe so verinnerlicht, dass ein Zuwiderhandeln uns heute im Innersten trifft. Doch das Verhalten unserer Kinder erlaubt uns, diese »unerlösten« Ansprüche in uns aufzufinden, anzuschauen und eine bewusste Entscheidung darüber zu treffen, ob wir dieser Maxime weiterhin selbst folgen möchten und welche Bedeutung wir ihr heute beimessen wollen. Dabei kann es zuweilen sinnvoll und schön sein, gemeinsam mit den Kindern bewusst gegen eine Vorgabe zu verstoßen, gemeinsam wahrzunehmen, wie sich dieses Handeln anfühlt und gemeinsam abzuwägen, welche Vor- und Nachteile aus beiden Handlungsmöglichkeiten entstehen.

===== EINEN BANN LÖSEN ─────────────────────────────

Das nächste Mal, wenn ein Kind etwas tut oder sagt, das dich ärgert oder aufregt, magst du dir vielleicht die Muße gönnen, um dies als eine wunderbare Möglichkeit zu begrüßen, etwas über dich selbst herauszufinden. Nehmen wir an, Tanja hat eine besonders schöne Tasse fallen gelassen. Nimm dann deinen Ärger zum Anlass für die besonders aufmerksame Gestaltung eurer Beziehung. Sorge zuerst dafür, dass weder das Kind noch du in Gefahr sind. Nimm Kontakt zu deinem Kind auf und zeige »ruhig«, dass du aufgebracht bist. Drück deine Befindlichkeit ohne Drohgebärden aus. Finde Worte für deine Gefühle. Wenn du bereits eine Übungspraxis mit der Reise durch den Körper und der Atemaufmerksamkeit aufgebaut hast, nutzt du diese jetzt dazu, den Kontakt zum Kind aufrechtzuerhalten und zugleich bei deinem Körper, dem Atem und den Gefühlen zu sein. Du kannst auch deine Zehen bewegen und deine Aufmerksamkeit in die Füße hineinschicken. Stell dir dabei vor, dass dein nächster Einatemzug bis zu den Zehen fließt und dass du dann von dort wieder ausatmest. Bleibe für ein paar Atemzüge dabei und halte dein Gefühl präsent.

Entscheide dann, ob du nach dieser Deeskalation in der Situation aktiv sein möchtest, indem du z.B. zusammen mit Tanja die kaputte Tasse aufkehrst, oder ob die Gelegenheit günstig ist, einen Bann zu lösen. Begib dich dazu in achtsame Gegenwärtigkeit. Sie wirken in der Zeit und können nur gelöst werden, wenn wir uns außerhalb dieser befinden. Der Schlafbann, der auf Dornröschen und dem Schloss lag, wurde z.B. in dem Moment gelöst, als der Prinz sich mit seinem Kuss in die Gegenwärtigkeit begab. Küssen ist aber nicht in jedem Fall die Lösung. Schau dein Kind an. Vielleicht hat es sich auch erschreckt und ist dankbar für eine Einladung in den gegenwärtigen Moment. Öffne dein Gewahrsein und nimm euch beide mit wachen Sinnen wahr. Lass deinen Blick weich werden, sodass du euch beide im Raum sehen kannst. Dein Ohr nimmt die Geräusche wahr, die euch umgeben. Sieh dein Kind an und verweile für einen Augenblick – und schau, was geschieht.

Vielleicht löst sich dabei der Zwang in dir, auf das, was dein Kind eben getan hat bzw. was ihm geschehen ist, heftig zu reagieren. Wenn du spürst, dass dir ein Zwang aus deiner Vergangenheit wie ein Bann anhaftet, der dich zu unangemessenen Verhaltensweisen drängt, die deinem heutigen Selbstverständnis zuwiderlaufen, kannst du außerhalb der Situation mit deinem Kind für dich Folgendes tun: Sorge für einen ruhigen Raum. Nimm dir Zeit. Setze dich bequem und mit aufrechtem Rücken hin. Erinnere dich an die letzte Situation, in der du »außer dir« warst oder die dich bedrückt hat. Begib dich in Gedanken in diese Situation und lass das Gefühl, das du dabei empfunden hast, präsent werden. Halte es gegenwärtig, lass den Atem los und klopfe dabei mit den zwei Fingerspitzen von Zeige- und Mittelfinger deiner dominanten Hand für jeweils etwa 20 Sekunden den Punkt zwischen den Augen, dann den Punkt zwischen Nase und Oberlippe, den Punkt zwischen Unterlippe und Kinn sowie schließlich mit vier Fingerspitzen den Bereich auf dem Brustbein in Höhe der Brustwarzen. Wenn dir dabei Erinnerungen, vielleicht auch aus der Kindheit, kommen, lass sie zu.

Beobachte, ob und wie sich dein Gefühl verändert, und schau, ob du in der nächsten ähnlichen Situation noch unter dem Bann aus deiner Vergangenheit stehst. Wenn ja, dann wiederhole die Klopfbehandlung.[50]

Im Augenblick der achtsamen Gegenwärtigkeit treten wir aus der »Kampfarena« in den Raum des gemeinsamen Seins. Das kann sehr befreiend und verbindend sein, braucht aber einige Übung. Die Klopfbehandlung stimuliert nach der Vorstellung der chinesischen Medizin die Bereiche und Einflusspunkte, die oberhalb und unterhalb des Übergangs zwischen dem Lenkergefäß (*dumai*) und dem Konzeptionsgefäß (*renmai*) liegen.[51] Durch die kombinierte Stimulierung auf der emotional-geistigen sowie der körperlichen Ebene können festgehaltene Teile der Lebensenergie (qi) aktiviert werden und über die beiden zentralen Gefäße in den Lebensfluss zurückkehren. Der Übergang zwischen den Gefäßen liegt im Bereich hinter den oberen Schneidezähnen. Der Energiefluss wird auch begünstigt, wenn wir die Zungenspitze oft diesen Bereich berühren lassen.

Wir miteinander in der Welt

Durch eine liebevolle Praxis dieser Übung lassen sich überlebte Zwänge lösen, wenn sie nicht durch zu tiefe Verletzungen verankert sind. Dann ist es sinnvoll, professionelle Begleitung zu suchen. Wenn es uns gelingt, mit uns selbst liebevoll umzugehen, kann es auch gelingen, gewaltfreie, fürsorgliche und liebevolle Beziehungen zu unseren Kindern zu pflegen. Wir regen sie damit ihrerseits zum Führen solcher Beziehungen mit sich und anderen an.

Die tanzende Kuh

Belinda nahm an einem Wochenendtreffen teil, das der Erkundung und der Praxis von Achtsamkeit gewidmet war. Sie war Anfang 60, beleibt und eher still. Ihr Mann hatte schon vor vielen Jahren sein Leben freiwillig beendet, sodass Belinda die zwei Töchter allein großgezogen hatte. Am Abend des ersten Tages, nachdem die Gruppe von 25 Menschen gemeinsam erste Bewegungs-, Wahrnehmungs- und Meditationserfahrungen gemacht hatte, geschah für Belinda eine Transformation, durch die sie ihr bisheriges Leben in einem neuen Licht sehen konnte. Die Gruppe bewegte sich gerade zu einer tanzbaren und zugleich meditativen Musik mit der Aufgabe, während des Tanzens die Aufmerksamkeit, ähnlich wie bei der Reise durch den Körper, nacheinander auf einzelne Körperteile zu richten. Von den Füßen über die Beine, Becken, Bauch, zum Rumpf und Rücken, weiter zu Brust, Schultern, Armen und Händen bis zum Hals und zum Kopf. Als der ganze Körper in Verbindung mit dem Fließen des Atems in den Fokus der Aufmerksamkeit trat, ging dies für Belinda mit dem Erleben einer inneren Öffnung einher, bei der ihr die Tränen flossen.

Ganz leibhaftig hatte sie sich an eine Situation erinnert, in der sie mit acht Jahren im Ballettunterricht ähnlich beglückt und von der Musik getragen getanzt hatte. Das Gefühl, ganz im Körper und in der Bewegung präsent zu sein, war wie damals vor über 50 Jahren. Die Erinnerung war so stark für Belinda, dass sie den Raum und die anderen Mädchen von damals in allen Einzelheiten vor sich sah. Selbst das Licht und der Geruch in der Tanzschule waren ihr wieder ganz präsent. Und sie spürte den Schmerz, der sie damals durchfuhr, als die Ballettlehrerin nach diesem für Belinda so beglückenden

Tanzerlebnis zur ganzen Gruppe gesagt hatte: »... und Belinda tanzt wie eine glückliche Kuh«.

Heute erst, nach diesem zweiten beglückenden Erlebnis des Einsseins von Körper, Geist, Musik und Bewegung war Belinda bewusst geworden, wie tief die Verletzung damals gegangen war und wie sie sich für die vielen Jahre danach bis zum heutigen Tag nie wieder unbeschwert ihrer eigenen Bewegung hatte überlassen können. Zu stark war das verletzende Bild der tanzenden Kuh in ihr Selbstbild eingebrannt und zu sehr war die körperliche Reaktion auf die Verletzung in ihrem Körpergedächtnis verankert. Das so schmerzhafte Zusammenziehen des ganzen Körpers auf die verletzende Bemerkung hin hatte Belindas Haltung über all die Jahre geprägt, ohne dass sie sich dessen bewusst gewesen war. Aus dem unbefangenen und bewegungsfrohen Mädchen war eine sich in ihrem Körper unwohl und fremd fühlende Frau geworden. Ihre nach vorn gezogenen Schultern beengten den Atemraum und ihre Bewegungen waren immer ein wenig gehemmt vom Zweifel an der eigenen Erscheinung.

In diesem achtsamen Tanz nun konnte sich Belinda zum ersten Mal seit der Verletzung wieder unbeschwert und frei bewegen. Sie hatte die aus der Not geborene Selbstbeschränkung aufgegeben und sich ganz der Bewegung überlassen. Als ihr diese neue und befreite Qualität bewusst wurde, fanden die Freude darüber und die Trauer über die so lange eingeengte Lebendigkeit gemeinsamen Ausdruck im Weinen.

Eine über lange Zeit gewohnte Haltung löst sich kaum von jetzt auf gleich auf. Doch durch diese transformative Erfahrung änderte Belinda ihre Haltung tendenziell. Sie hob die nach vorn gesunkenen Schultern und richtete sich dabei auf. Die Schultern sanken leicht nach unten hinten. Die Statik ihres Körpers korrigierte sich zur Mittelachse und zum Becken hin. Von dort abwärts entstand eine verwurzelte Kraft zum Boden, aus der sich vom Becken aufwärts eine würdevollere Aufrichtung der Wirbelsäule, des Brustkorbs und des Kopfes ergab. Der Atem konnte dadurch freier fließen und die Lenden- und Halswirbelsäule wurde entlastet. Belinda war in ihre Kraft zurückgekehrt.

Bloßstellungen oder Beschämungen können Kinder verletzen und für lange Zeit in ihrer Lebendigkeit einschränken. Wann immer wir den Impuls verspüren, ein Kind oder auch einen Erwachsenen in dieser Weise zu treffen, können wir zwischen Hölle oder Himmel wählen. Kein noch so scharfsinniger Scherz ist es wert, Menschen zu verletzen.

DER TANZ DER KRAFT

Tanzen ist seit Menschengedenken ein Weg der Selbstermächtigung.

Suche dir eine Musik aus, die dir gefällt und zu der du dich gern bewegst.

Wenn du magst, lade Kinder und Erwachsene zu diesem Tanz ein.

Schau, dass ihr ausreichend Platz und Spielraum habt.

Wenn die Musik beginnt, bring deine Aufmerksamkeit zu deinem Körper und nimm wahr, wie der äußere, hörbare Rhythmus in dir einen inneren, spürbaren Rhythmus anregt.

Spüre, wie der innere Rhythmus deinen Körper in Schwingung bringt, und gib den Bewegungen, die Raum greifen wollen, nach.

Überlass dich den Bewegungen deines Körpers.

Lade deine Aufmerksamkeit ein, sich in deinem Körperraum auszubreiten, bis du dich von Kopf bis Fuß von innen her spürst.

Dein Körper ist dann ganz von deiner Aufmerksamkeit erfüllt.

Dies kann ein sehr beglückendes Gefühl sein. Es ist im wahrsten Sinn des Wortes erfüllend. Bleibe im Bewusstsein dieser Fülle, solange du magst.

Tanze in der leibhaftigen Gegenwart deiner Körperlichkeit.

Wenn deine Aufmerksamkeit zu einem anderen Gegenstand wandert, nimm dies wahr und entscheide, ob du sie ziehen lassen möchtest, oder sie sanft und bestimmt zurück zum Körper lenkst.

Experimentiere mit der Dauer dieses Tanzes und entscheide, wann du ihn beendest.

Wenn es etwas gibt, das du gern in Worte fassen möchtest, dann sprich es aus oder notiere dir deine Gedanken.

Lernen ohne Angst und Scham

Johannes ist fast 40. Er hört gern Musik und bedauert es sehr, kein Musikinstrument zu spielen. Er hat schon überlegt, ob er nicht in einem Chor mitsingen könnte, verwarf diese Idee aber, weil er weiß, dass er oft falsch singt. Er hört sich dann den falschen Ton singen und fühlt sich dabei sehr unbehaglich. Als er in einem Kurs zur Praxis des achtsamen Gewahrseins eingeladen wird, zusammen mit den anderen Teilnehmern zu tönen, nimmt er das Angebot mit Begeisterung an. Die Gruppe verbringt eine Viertelstunde damit, Töne zu summen, zu brummen und zu singen und mit den entstehenden Resonanzen zu spielen. Hinterher strahlt Johannes und berichtet von seiner tiefen Freude bei diesem Spiel, indem er sich ganz frei von Selbstzweifeln fühlte. Ohne jede Furcht, danebenzusingen, genoss er das Experimentieren mit der eigenen Stimme und die Schwingungen, die er dabei im ganzen Körper spürte.

Auf meine Nachfrage hin erzählt er von der für ihn grauenhaften Erniedrigung, die er mit zehn oder elf Jahren jedes Mal erlitt, wenn die Musiklehrerin in der Schule sein Singen abprüfte. Ihr Unterricht verlief immer gleich. Sie ließ die Kinder zu Hause Liedtexte auswendig lernen. In der nächsten Stunde musste dann jedes Kind einzeln vor die Klasse treten und das besagte Lied vorsingen. Dafür gab es dann eine Zensur. Manche Kinder sangen sicherer und wurden gut benotet, andere wie Johannes sangen unsicher und die Lehrerin bestätigte das mit einer schlechten »Note«. Bei der Erinnerung an das Grinsen und Gelächter der MitschülerInnen schaudert es Johannes noch heute. Gelernt hat er in diesem Unterricht neben einigen Liedtexten vor allem, dass er ein schlechter Sänger ist. Die Lehrerin, die er nicht unsympathisch fand, hatte aber leider nichts anzubieten, womit sie die Kinder bei der Entwicklung ihrer Gesangsfähigkeiten hätte unterstützen können.

═══════ ALTE WUNDEN HEILEN LASSEN ───────────────

Zuweilen kommst du in Situationen, die dich an alte Verletzungen erinnern.
Manchmal lohnt es sich, dort Aufmerksamkeit zu investieren.
In Erinnerungen kramen und »Schuldige« zu identifizieren, kann zum Verstehen
deines Gewordenseins beitragen, ist aber kein Weg zur Heilung.
Lass dich stattdessen von deiner Intuition leiten, etwas zu finden,
das heilend wirken kann.

Wenn du eher zu Rückzug und Gewohnheit neigst, dann probiere neue Möglichkeiten
des Ausdrucks aus und lerne Menschen kennen.
Wenn du viel in Aktion bist und wenig Zeit mit dir verbringst, dann geh vielleicht
einmal für ein Wochenende zum Schweigen ins Kloster.
Belebe den spielerischen und forschenden Geist, den du als Kind hattest.
Probiere auch »verrückte« Dinge aus.
Tanze, sing und schreib Gedichte.
Male, erzähl Geschichten und spiel Theater.
Wir haben uns mit unseren Wunden und Einschränkungen oft so sehr eingerichtet,
dass wir heilende Impulse eher außerhalb unserer gewohnten Strukturen finden.
Verbringe Zeit mit Kindern. Sie sind voller Überraschungen und fordern dich heraus,
weich und lebendig zu werden.

Ermutigen

Eine außerordentlich gut fundierte Idee davon, wie groß die Ermutigung oder
die Entmutigung sein kann, die Kinder erfahren, vermittelt eine spektakuläre
Untersuchung von Betty Hart und Todd Risley.[52] Sie hatten zweieinhalb Jahre
lang in 42 amerikanischen Familien die Gespräche untersucht, die Eltern mit
ihren Kindern von der Geburt bis zum dritten Lebensjahr führten. Die Familien gehörten der Schicht der Sozialhilfeempfänger und der Mittelschicht an.
Die Auswertung der Untersuchung ergab nicht nur einen deutlichen Unterschied in der Anzahl der Gespräche, sondern auch in der emotionalen Qualität
des Gesagten. Während ein Kind von Eltern, die Sozialhilfe empfingen, bis zu
seinem dritten Lebensjahr etwa 75.000 Ermutigungen und 200.000 Entmuti-
gungen zu hören bekam, ermutigten Eltern aus der Mittelschicht ihr Kind im
gleichen Zeitraum etwa 500.000 Mal und entmutigten es circa 80.000 Mal.
Die »armen« Kinder hörten also allein in ihren ersten 30 Monaten gut zweiein-
halbmal mehr Verbote, Reglementierungen und Beschimpfungen, als sie Anerkennung oder Ermunterung erhielten. Bei den privilegierteren Kindern kamen
in dieser Zeit auf jede entmutigende Äußerung ihrer Eltern mehr als sechs
Ansprachen, die ihr Selbstbewusstsein stärkten. Daraus müssen gravierende
Unterschiede im Selbstbewusstsein der Kinder entstehen. Sie werden sich mit

großer Wahrscheinlichkeit so sehr darin unterscheiden, wie sie sich und ihre Entwicklungsmöglichkeiten in der Welt erleben, dass sie schon allein dadurch zum Erhalt der vorhandenen Verteilung der Chancen in der Gesellschaft beitragen.

Untersuchungen zu den physiologischen Folgen von Abwertung und Beschämung zeigen einen deutlichen Zusammenhang zwischen empfundener Scham und der Zunahme entzündungsfördernder Zytokine. Das sind Eiweiße, die am Funktionieren des Immunsystems beteiligt sind. Wenn wir uns schämen, steigt demnach die Wahrscheinlichkeit für das Entstehen von Entzündungen im Körper.[53] Diese sind Ausdruck einer an sich gesunden und wünschenswerten Immunantwort des Körpers auf Bedrohungen, z.B. durch eine Infektion. Eine dauerhafte Erhöhung der Entzündungsbereitschaft wird jedoch mit einem Anstieg von Krankheitsrisiken in Verbindung gebracht.[54] Diese betreffen natürlich vor allem Erkrankungen, die mit dauerhaften Entzündungen einhergehen wie Arthrose, Diabetes oder chronisch entzündliche Darmerkrankungen.[55] Neueste Untersuchungen der Vorgänge, die zu einer Verengung der Herzkranzgefäße führen, konnten auch hierbei entzündliche Prozesse nachweisen.[56] Die seelische Verletzung, die mit dauerhafter Beschämung einhergeht, ist also auch mit einer erhöhten Anfälligkeit für körperliche Erkrankungen verbunden.

112

> Wer selbst als Kind missachtet und verletzt wurde, tendiert dazu, seine Kinder ebenso zu behandeln. Ganz gleich, wo im sozialen Spektrum wir uns befinden, wir sind alle aufgerufen, unsere Worte behutsam zu wählen. Worte können verletzen und uns eng und ängstlich werden lassen. Sind wir uns also unserer Worte gewahr und stoppen wir das Rad des Leids, indem wir mit den Kindern so sprechen, dass sie wachsen, gedeihen und sich selbstbewusst entfalten können.

Erinnere dich an das Experiment zum Sprechen mit Herz (siehe S. 78f.).
Es bestand in der Einladung zu einer Reise in deine innere Landschaft.
Dabei spielte die Wahrnehmung deines Herzens eine wichtige Rolle und das
In-Worte-Fassen deiner von Herzen gespürten Wirklichkeit.
Diese Fähigkeit nutzen wir jetzt, wenn es um herzliche Gespräche mit Kindern geht.

Wenn du das nächste Mal mit einem Kind sprichst, erinnere dich, dabei mit einem
Teil deiner Aufmerksamkeit deine innere Landschaft und dein Herz zu spüren.
Nimm zugleich das Kind vor dir wahr,
und lass dein Herz in Resonanz mit ihm kommen.
Spüre, welche Gefühle sich in dir regen,
und lass diese Impulse in deine Sprache fließen.

Öffne deine Sinne zum Kind hin und nimm wahr,
welche Resonanzen deine Worte in seinem Innern finden.
Experimentiere mit diesem gegenseitigen In-Schwingung-Kommen.
Vielleicht ergeben sich Momente, in denen dein Herz
vor Freude über einen Wohlklang oder eine Harmonie hüpft und singt.

Zuwendung und Einfühlung

Je jünger Kinder sind, desto unvoreingenommener können sie sich an ihrem Sein freuen. Mit zunehmendem Alter wächst naturgemäß der Schatz der Erfahrungen und damit auch die Vorstellungen und Erwartungen. Werden diese nicht erfüllt, führt das zu Enttäuschungen und Frustrationen. In den Momenten, in denen die Kinder ihre enttäuschten Erwartungen äußern, sind wir gefragt. Sei die Unwillensäußerung lautstark oder leise, es ist unsere Haltung und Reaktion, durch die wir dem Kind zeigen, wie mit solchem Leid umzugehen ist.

In dem Moment, in dem ein Kind leidet, ist deine Präsenz gefragt.

Bring deine Aufmerksamkeit ganz in diesen Moment der Berührung,

und verweile für wenigstens einen Atemzug ohne eigene Agenda.

Nimm dein Gegenüber in seiner Haltung und mit seinen Unmutsäußerungen

freundlich wahr und bemerke deinen Impuls, darauf reagieren zu wollen.

Bemerke diesen Impuls, ohne ihm automatisch zu folgen.

Genau diese Qualität des Innehaltens oder Verhaltens

drückt das Wort »Verhalten« aus.

Bleibe bei der Wahrnehmung des Reaktionsimpulses,

und nimm zugleich deinen Atem und dein Herz wahr.

Je nach Situation kannst du dir leibhaftig oder auch in der Vorstellung

eine Hand auf's Herz legen.

Dies verwurzelt deine Aufmerksamkeit nach innen.

Spüre aus der Herzensverbindung heraus zu deinem Kind hin.

Verweile in dieser zugewandten Gegenwärtigkeit für wenigstens einen Atemzug.

Wäge deine Handlungsmöglichkeiten ab.

Entscheide dann deine nächsten Schritte und handle.

Genau wie beim Umgang mit deinen eigenen Frustrationen gliedern sich die Momente der mitfühlenden Präsenz in folgende Schritte:

1. Stopp
2. Hand auf's Herz
3. Atme bewusst ein und aus
4. Spüre dein Herz und denk nach
5. Triff eine Entscheidung und handle

Unsere Reaktions- und Handlungsimpulse sind immer mit Muskelanspannungen verbunden, die dem Ausführen von Handlungen vorangehen. Indem wir diese Anspannungen wahrnehmen und sein lassen, verwandelt sich das Reaktionspotenzial, das uns zum Eingreifen oder Flüchten bewegen wollte, in gegenwärtige Aufmerksamkeit und Zuwendung. Die dafür notwendige Tiefenwahrnehmung können wir gezielt schulen. Die Reise durch den Körper z.B. ist eine wunderbare und sehr wirksame Methode dafür. Hatha-Yoga, Pilates, Taiji chuan, Qigong oder Feldenkrais-Übungen eignen sich auch sehr gut. Die Wahrnehmung nach innen wird dadurch feiner und klarer.

Zuwenden oder abneigen

====== AUF DEM WEG ZUR SITZUNG ──────────────

Stell dir vor, du bist auf dem Weg zu einem wichtigen beruflichen Termin.
Es ist ein formelles Treffen, zu dem du entsprechend gekleidet bist.
Die Zeit ist knapp und du bist in Eile.
Auf dem Weg zum Meeting siehst du, wie ein etwa siebenjähriges Mädchen
vom Fahrrad stürzt und sich böse Schürfwunden an Knie und Arm zufügt.
Sie kauert in einiger Entfernung von dir am Boden und weint bitterlich.
Welche Impulse nimmst du in dir wahr?
Wie würdest du handeln?

Wenn wir auf herausfordernde Ereignisse reagieren, geschieht dies entweder durch Abneigung und Abstandnehmen oder durch Zuwendung. Das Märchen von Frau Holle verdeutlicht das sehr schön. Die Goldmarie wendet sich den klagenden Broten im Ofen zu und rettet sie vor dem Verbrennen. Ebenso erhört sie den Ruf der Äpfel, die reif am Baum hängen, und pflückt sie. Pechmarie hingegen möchte sich die Hände nicht dreckig machen. Sie scheut die Mühe und wendet sich vom Brot und den Äpfeln ab. Beide Mädchen folgen ihrer inneren Stimme, die sie in ihrem Sinne beide richtig handeln lässt.

Das oben genannte Gedankenexperiment lädt ein, die eigene innere Stimme zu hören. Schlägt Ihnen Ihre Intuition vor, sich dem verletzten Kind zuzuwenden oder Abstand zu nehmen? Wie würden Sie in der Situation mit dem vom Rad gestürzten Mädchen handeln? Welche Gefühle haben Sie für die Entscheidungen, die die Gold- und die Pechmarie getroffen haben? Welche Impulse nehmen Sie in sich wahr?

Spüren Sie eine Zu- oder Abneigung in Bezug zu den Entscheidungen der Mädchen?

> Der Moment des Ver-Haltens ermöglicht es, den inneren Handlungs-
> impuls wahrzunehmen, ohne ihm dabei schon zu folgen. In diesem
> Augenblick des achtsamen Gewahrseins öffnet sich damit eine Wahl-
> möglichkeit. Je nach Situation und Kind können mehrere Handlungen
> richtig oder auch unangemessen sein. Der Moment der achtsamen
> Gegenwärtigkeit, in dem wir unser Herz spüren und nachdenken,
> ermöglicht es uns, neben der Wahrnehmung des eigenen, von Ihrer
> Geschichte geprägten Handlungsimpulses noch weitere Aspekte in
> Betracht zu ziehen.

Die moralische Bewertung, die das Märchen vorschlägt, folgt einer Konven-
tion, die die arme und fleißige Marie mit Gold beschenkt und die verzogene,
faule mit Pech. Wenn wir versuchen, beide Wege gelten zu lassen, und verstehen möchten, warum die eine diesen und die andere Marie jenen Weg wählt,
können wir beide Varianten und die darunterliegenden Entscheidungsstile als
Versuche sehen, ein glückliches Leben zu führen. So suchen die »Pechmarien«
unter uns ihr Glück vor allem durch die Vermeidung unangenehmer und
schmerzhafter Erfahrungen. Sie sind auf der Suche nach angenehmen, lustbe-
tonten (Lust = griech. *Hedone*) Erlebnissen und sinnlicher Befriedigung. Die
Pechmarie macht sich ja auf die Reise zu Frau Holle, weil sie sich Gold, Reichtum und ein angenehmes Leben verspricht.

Schon Aristoteles hat sich Gedanken zu jenem Weg gemacht, den die Goldmarie wählt.[57] Nach seiner Auffassung finden wir »Glückseligkeit« (griech.
Eudaimonia) durch vernünftige Tätigkeiten der Seele, die unsere letztlich leidvolle Abhängigkeit von den auf Lusterlangung angelegten Trieben reguliert und
uns durch Kontemplation und gerechtes Handeln maßvoll, weise und glücklich
werden lässt. Anders als der hedonistische Weg ist die eudaimonische Suche
nach Glück und Erfüllung mit dem Wunsch danach verbunden, etwas Sinnvolles zu vollbringen, z.B. dadurch, dass wir »Gutes« tun oder unsere persönlichen
Fähigkeiten entwickeln. So übt ein Musiker auch dann, wenn er nicht dazu auf-
gelegt ist, weil er die Meisterschaft im Spiel seines Instruments als Ziel anstrebt.
Eudaimonisch Suchenden kann es also zuweilen durchaus sinnvoll erscheinen,
sich auch unangenehmen Erfahrungen auszusetzen, wenn sie dadurch Ziele
erreichen, Fähigkeiten entwickeln oder Erkenntnisse erlangen.

Kinder sind wie die Brote und Äpfel im Märchen von Frau Holle. Sie fordern uns oft und laut dazu auf, uns ihren Bedürfnissen zuzuwenden. Schlafmangel, Sorge und Ärger gehören zu den Begleiterscheinungen des Daseins von Eltern und Pädagogen. Und manchmal sind wir dabei sogar bis zur Erschöpfung gefordert. Ein Grund dafür, dass sich viele Menschen entscheiden, keine Kinder zu bekommen, ist sicherlich der Wunsch nach der Aufrechterhaltung eines hedonistischen Lebensstils. Kinder verursachen immer wieder Unerfreuliches und fordern unsere Zuwendungsfähigkeit, Toleranz und Gelassenheit heraus. Dabei kommen wir dann in Situationen, in denen wir wählen müssen, ob wir uns abwenden, z.B. indem wir unser Kind sich selbst überlassen, oder ob wir mit Zuwendung und gegebenenfalls durch das Setzen von Limits reagieren.

═══════ JASAGER ODER NEINSAGER? ──────────────────────────

Das folgende kleine Experiment kann weiteren Aufschluss darüber geben,
ob du eher zum Abstandnehmen oder zum Zuwenden tendierst.
Dazu suchst du dir eine Partnerin oder einen Partner.
Wenn niemand zu finden ist, kannst du dir auch einen Spiegel zur Hand nehmen.
Eine Person beginnt dann mit dem Neinsagen.
Die andere antwortet ebenfalls mit einem Nein.
Person eins gibt ein weiteres Nein zurück usw.
Dabei spielt ihr mit den verschiedensten Stimmlagen und Lautstärken:
mal ganz bestimmt und laut, dann leiser und fragend oder zweifelnd,
dann wieder laut und entrüstet oder wie um Hilfe rufend.
Experimentiert mit der Vielfalt der möglichen Varianten des Neins.
Wenn es reicht, lasst für ein, zwei Atemzüge Stille eintreten,
und horcht den Resonanzen nach.
Dann beginnt eine Person mit einem Ja, worauf die andere ebenfalls mit Ja antwortet.
Spielt euch für eine Weile unterschiedliche Jas zu.
Schöpft dabei aus der Fülle der Möglichkeiten für ein Ja.
Wenn es genug ist, nehmt euch wieder einige Atemzüge lang Zeit,
und horcht in euch.
Wenn ihr mögt, könnt ihr noch eine Runde anschließen,
bei der ihr Ja und Nein in allen ihren Facetten mischt.

Zum Schluss schaut und besprecht ihr, ob ihr euch wohler beim Ja- oder beim
Neinsagen fühlt, oder ob ihr da keine eindeutige Präferenz spürt.
Spannend kann es auch sein, sich gegenseitig mitzuteilen,
wie ihr den Partner in den zwei Rollen erlebt habt.
Vermeide dabei Zuschreibungen wie »Wenn du Nein sagst, bist du viel …«
Sprich von dir und deiner Wahrnehmung,
z.B. »Wenn du Ja sagst, erlebe ich dich …«

Wer sich in beiden Varianten ähnlich wohlfühlt, kann vermutlich je nach Situation eine angemessene Reaktion wählen. Eine neutrale Grundhaltung, die alle Möglichkeiten des Handelns offenhält, wird durch die Praxis der Achtsamkeit gestärkt, denn die Formen der Achtsamkeitsmeditation wie die Reise durch den Körper oder das Sitzen in Stille sind entwickelt worden, um genau diese Haltung der Gelassenheit auszuüben und zu festigen, damit sie auch im Alltag zur Verfügung steht. Vor kurzem untersuchten Sarah Lazar und ihre KollegInnen vom Massachusetts General Hospital in Boston, ob sich bei Menschen, die seit wenigstens sieben Jahren regelmäßig achtsame Meditation praktizieren, Veränderungen in der Struktur ihres Gehirns finden lassen.[58] Dazu vermaßen sie mit einem bildgebenden Magnetresonanzverfahren verschiedene Bereiche des Kortex bei einer Gruppe von Menschen, die seit sieben bis neun Jahren täglich für circa 40 Minuten das Sitzen in Stille übten sowie bei einer Kontrollgruppe ohne Meditationspraxis. Dabei fanden sie bei den Meditierenden durchweg s dicker ausgeprägte Strukturen in den Bereichen, die für die Aufrechterhaltung der Aufmerksamkeit für innerkörperliche Vorgänge inklusive des Atems und der inneren Organe zuständig sind.[59] Das heißt, dort existierten dichtere und mehr neuronale Verknüpfungen, die sich als die leibhaftigen Entsprechungen für die in der Meditation geübten und gelernten Fähigkeiten verstehen lassen können. Dabei waren die Strukturen umso dicker, je mehr Jahre die Person schon meditierte.[60]

Ebenfalls dicker war ein weiterer Bereich ausgebildet, der, so ist aus anderen Studien bekannt, bei der Integration von Sinneseindrücken, Gefühlen und Gedanken beteiligt ist.[61] Die Meditierenden hatten demnach substanzielle Fähigkeiten in Bezug auf die Wahrnehmung ihres Atmens, ihrer »Bauchgefühle«, ihrer Emotionen und Gedanken entwickelt und dabei zugleich besonders gut gelernt, diese Wahrnehmungen zu einem sinnvollen Ganzen zusammenzufügen. Der mit dieser Integrationsleistung verbundene Bereich war interessanterweise in der Gruppe der Nicht-Meditierenden bei den älteren Personen zwischen 40 und 50 Jahren deutlich dünner als bei den jüngeren im Alter zwischen 20 und 30 Jahren, was auf eine altersbedingte Schrumpfung hindeutet. Die älteren Meditierenden jedoch zeigten solche Alterserscheinungen nicht.

Wenn wir das richtige Maß für Zuwendung und Abneigung finden, kann eine Qualität entstehen, die wir Gelassenheit nennen. Durch die Praxis von Achtsamkeit fördern wir unser Gelassensein. Jüngste Untersuchungen zur Wirkung von Achtsamkeitsübungen auf den emotional sehr anspruchsvollen Berufsalltag von Krankenschwestern[62] und Psychotherapeuten[63] zeigen, dass diese besser in der Lage waren, zugewandter und zugleich klarer mit ihren zum Teil sehr fordernden PatientInnen umzugehen. Auch verbesserten sie ihre Fähigkeiten der Stressbewältigung und der Selbstfürsorge.

Wir können diese Erkenntnisse auch auf die pädagogische Arbeit und das Leben mit Kindern übertragen. Eine Untersuchung aus Virginia konnte bereits zeigen, dass Eltern von autistischen und entwicklungsverzögerten Kindern, die lernten, achtsames Gewahrsein zu praktizieren, zugewandter, gelassener und zufriedener wurden. Auch ihre schwierigen Kinder lernten, freundlicher mit ihren Geschwistern umzugehen.[64] In Untersuchungen zur Achtsamkeitspraxis mit Schulkindern, denen Yoga, Meditation und Qigong nähergebracht worden waren, stellten die StudienleiterInnen reduzierte Aggressivität und Impulsivität sowie eine Zunahme von Aufmerksamkeit und sozialer Kompetenz bei den Kindern fest.[65] Dies sind nur einige Beispiele. Meine Kolleginnen und ich arbeiten zurzeit an einer Untersuchung der Wirkungen von regelmäßiger Achtsamkeitspraxis auf die Persönlichkeit und die Arbeitsweise von LehrerInnen.[66]

Akzeptanz und liebende Güte

Die Praxis des achtsamen Gewahrseins schließt die Akzeptanz all jener Eigenschaften ein, die uns nicht gefallen. Wenn ich weiß, dass ich mich in Situationen wie mit dem vom Rad gestürzten Mädchen zwar mit Gewissensbissen, abcr doch auf jeden Fall für das Weitergehen und die Einhaltung meines Termins entscheide, wenn ich weiß, dass ich ungern Anstrengungen und Unannehmlichkeiten auf mich nehme und eher zum Neinsagen tendiere, oder wenn ich weiß, dass ich eine Neigung dazu habe, mich über die notorischen Neinsager oder aber über die »doofen« Jasager lustig zu machen, dann lässt eine freundlich gelassene innere Haltung all diese Eigenschaften gelten.

Eine solche bedingungslose Akzeptanz bildet die Basis für die Entwicklung von selbstlos liebender Güte, die in der Indischen Sprache Pali *Metta* genannt wird. Die Ausübung von Metta gehört zu den wichtigsten Übungen auf dem buddhistischen Weg der persönlichen Entwicklung. Mit der folgenden Praxis unterstützen wir die Haltung der liebevollen Güte.

═══════ METTA-MEDITATION ─────────────────────────────

Nimm dir die Zeit und den Raum, die dich deine Aufmerksamkeit nach innen richten lassen.
Verankere deine Aufmerksamkeit im gegenwärtigen Moment,
indem du den Körper und den Atem fokussierst.
Folge den Wellen deines Atems für eine Weile.

Sprich dann in Gedanken die folgenden Worte zu dir:
Möge ich freundlich zu mir sein.
Möge ich freundlich zu mir sein.
Möge ich freundlich zu mir sein.

Möge ich in Frieden leben.
Möge ich in Frieden leben.
Möge ich in Frieden leben.

Möge ich frei sein von Leid.
Möge ich frei sein von Leid.
Möge ich frei sein von Leid.

Möge mein Leben glücklich sein.
Möge mein Leben glücklich sein.
Möge mein Leben glücklich sein.

Gib den Worten Raum, damit sie in dir klingen können.
Wenn sich ein Gefühl einstellt, dann wende dich diesem zu und lass es sein.

Beende dann dieses Experiment mit einer Geste oder einem kleinen Ritual.

Wenn Sie möchten, können Sie auch mit dieser Metta-Meditation experimentieren. Sie kann oft und regelmäßig durchgeführt werden, auch ganz kurz zwischendurch, wenn das für Sie passt. Vielleicht erleben Sie ein deutliches Gefühl bei dieser Praxis. Dieses Gefühl können Sie dann auch weitere Kreise ziehen lassen, indem Sie die Wünsche auf andere Personen ausdehnen. Lassen Sie dabei eine Person vor Ihrem inneren Auge erscheinen, stellen Sie eine von Herzen kommende Verbindung zu ihr her und ersetzen Sie dann die Worte »ich« und »mein« durch den Namen der Person. Im Sinne einer Fürbitte können Sie auf diese Weise Menschen bedenken, die Ihnen nahe und lieb sind, aber auch unbekannte Menschen in Not. Vielleicht mögen Sie sich sogar auf das Abenteuer einlassen, Menschen in Ihre liebvolle Güte einzubeziehen, die Ihnen unsympathisch sind oder gar solche, die sie verletzt haben.

Kinder sind oft von sich aus offen, mitfühlend und engagiert, wenn es um das Schenken von liebvoller Güte geht. Geben wir ihnen Möglichkeiten, sich diese Qualitäten zu erhalten und sie zu kultivieren. Wir können ihnen z.B. Raum dafür eröffnen, indem wir sie zur Mitarbeit in soziale Projekte einladen. Besuche im Seniorenheim, Mithilfe in der Suppenküche, das Weihnachtssingen im Krankenhaus oder auch das Sammeln von Kastanien für die Winterfütterung im Tiergehege sind mögliche Betätigungsfelder. Eine Grundschullehrerin, die ich kenne, sucht mit ihren Kindern beispielsweise die Gebiete auf dem Globus auf, über die aktuell in den Nachrichten berichtet wird. Die Kinder schicken dann in einem Moment der Stille gute Wünsche zu den Menschen in der jeweiligen Katastrophen- oder Kriegsregion.

Je freigiebiger wir liebvolle Güte wecken und verschenken, desto deutlicher werden wir sie selbst in unserem Leben spüren. Diese intuitiv erfassbare Weisheit lässt sich seit Kurzem auch mit den Mitteln der modernen Hirnforschung nachvollziehen. Richard Davidson von der University of Wisconsin gelang dies, als er 175 Testpersonen darauf untersuchte, in welchem generellen Gefühlszustand sie sich im Alltag befinden.[67] Schon in vorhergehenden

Studien hatte er festgestellt, dass eine positive Gestimmtheit mit verstärkter Aktivität in der linken präfrontalen Region der Hirnrinde einhergeht. Bei seiner Analyse der bei den 175 Personen im Alltag vorherrschenden Stimmung fand er bei der Mehrzahl der Untersuchten eine relative Gleichverteilung zwischen linker und rechter Präfrontalaktivität. Das bedeutet vermutlich, dass sich die meisten von uns in einem generell neutralen Gefühlszustand befinden, der sich je nach aktuellen Ereignissen positiver oder negativer färbt. Wir reagieren dann mit guter oder schlechter Stimmung. Bei einer kleineren Anzahl von Menschen entdeckte Davidson jedoch stark einseitig geprägte Aktivitäten, die auf eine dauerhaft schlechte bzw. positive Stimmung hindeuten. In dieser Gruppe befand sich auch ein buddhistischer Mönch. Sein Gehirn zeigte eine so stark ausgeprägte Aktivität in der linken Präfrontalregion, dass die bei ihm ermittelten Werte außerhalb der für die anderen Personen gültigen Messskala lagen. Seine Alltagsgestimmtheit muss so positiv und glücklich gewesen sein, wie es für uns Ungeübte unvorstellbar ist. Um die Ursache für solches Glück zu verstehen, ist es wichtig zu wissen, dass ein wesentlicher Teil seiner Ausbildung darin besteht, täglich liebevolle Güte in seinem Herzen und Geist zu wecken.

Das Erlernen des Selbst

Alle bisher vorgestellten Experimente können zu einer Entwicklung beitragen, die der humanistische Psychologe Carl Rogers das »Erlernen des Selbst« genannt hat. Aus seiner Sicht besteht darin der »wichtigste Lernprozess, zu dem das Individuum imstande ist«.[68] Wenn Kinder auf die Welt kommen, verbringen sie die ersten Jahre ihres Lebens ausschließlich mit diesem Lernen. Später tritt es in den Hintergrund, da dann das äußere Lernen und Leben fast unsere ganze Aufmerksamkeit in Anspruch nehmen. Doch die Begegnung mit Kindern hat die Kraft, uns an dieses nach innen gerichtete Lernen zu erinnern. Damit regen die Kinder uns an, in unserem Leben wieder Raum für das Eigentliche zu schaffen. Unser Wunsch nach einer zugewandten, liebevollen und unterstützenden Beziehung zu unseren Kindern öffnet dabei das Tor für unseren Weg nach innen. Rainer Maria Rilke drückt die Bedeutsamkeit der Wiederbegegnung mit dem kindlichen Lernen des Selbst mit folgenden Worten aus:[69]

In dem Wiedersehn mit Kindheitsdingen
Lernen wir uns wiedersehn:
zwar wir wussten, dass die Jahre gingen,
doch nun fühlen wir auch, wie wir gehen.

Die Erinnerung und Besinnung, die wir erfahren, wenn wir uns von Kindern berühren lassen, führen uns zurück zum Prozess unseres inneren Lernens. Genau wie ein Kind, das wieder und wieder versucht, die Teile seines Puzzles zu einem Bild zusammenzusetzen, nehmen wir dann unsere Aufgabe wieder auf und wenden uns den Schwierigkeiten zu, die wir immer wieder im Alltag erleben. Dadurch verwandeln wir sie in kostbare Anlässe für unsere innere Weiterentwicklung.

> Zu den drei wichtigsten Fähigkeiten, die sich dabei kultivieren lassen, zählen:
>
> die eigene seelische Wirklichkeit hören und verstehen können;
>
> sich selbst gegenüber echt und offen sein;
>
> sich selbst spüren und für sich sorgen können.

Der Psychologe Reinhard Tausch hat an der Universität Hamburg erfolgreiche und glückliche Lehrer und Erzieher untersucht. Er fand, dass sie diese drei Fähigkeiten als die Basis ihrer Arbeit mit den Kindern kultiviert hatten.[70] Tausch fasst seine Erkenntnisse mit dem Satz zusammen: »Seelisch entwickelte Personen sind die Bedingung für das seelische Wachstum der Schüler.«[71] Er führt eine Reihe von empirischen Untersuchungen auf, die zeigen, dass diese nach innen orientierten Fähigkeiten auch nach außen wirken. So lernen Schüler fachlich und menschlich besser bei LehrerInnen, die sich in ihre Schüler einfühlen, die akzeptierend und achtungsvoll für ihre Schüler sorgen und die sich ihren Schülern authentisch zeigen. Neben besseren fachlichen Leistungen zeigten Schüler solcher Lehrer eine größere Kreativitätsentwicklung, weniger Schwierigkeiten mit der Disziplin, weniger Aggressivität, eine vorteilhaftere Entwicklung des Selbstbildes, eine größere Zufriedenheit und Lebendigkeit und geringere Angst als gleichaltrige Schüler von Lehrern, bei denen diese drei Eigenschaften weniger ausgeprägt waren.[72] Wir dürfen davon ausgehen, dass diese Befunde nicht nur für Lehrer, sondern in besonderem Maße auch für Eltern gelten. Einfühlungsvermögen, Akzeptanz, Wahrhaftigkeit, Achtung und Fürsorge können wir also mit gutem Gewissen als »Handwerkszeug« guter Pädagogen und Eltern bezeichnen.

DEIN LEBEN MIT KINDERN ALS EXPERIMENT

Vielleicht hast du Lust, dein Leben wie ein Langzeitexperiment zu gestalten.
Wenn ja, dann heißt die Einladung an dich: Entwickle die Qualitäten von Einfühlungsvermögen, Wahrhaftigkeit, Achtung, Akzeptanz, Güte und Fürsorge in dir, und schaue dann,
zu welchen Menschen deine Kinder heranwachsen.
Lass dich von den Kindern zur Kultivierung dieser menschlichen Basisfähigkeiten inspirieren.
Nimm dazu sowohl die Gestaltung deiner Reaktionen
auf ihre egoistischen Neigungen zum Anlass als auch ihre Liebe und Zuneigung.

WIR IN DER GESTALTETEN UM-WELT

Die umweltlichen Kreise

GANZ
KÖRPERLICH
EMOTIONAL
GEISTIG
SOZIAL
UMWELTLICH
ÖKOLOGISCH
TRANSPERSONAL
INTEGRAL
EINHEIT

Wie wollen wir leben?

Sollten jugendliche Straftäter stärker bestraft werden als bisher? Bejahen Politiker dies, wird das als Glaubensbekenntnis für die Stärkung einer Struktur des Miteinanders gewertet, die klare Regeln und Limits setzt und Verstöße vehement ahndet. Wer die Frage verneinend beantwortet, von dem werden zu Recht alternative Vorschläge erwartet. Diese müssten Wege zeigen, wie wir möglichst viele Kinder und Jugendliche zu einem friedlichen und achtungsvollen Zusammenleben befähigen können. Wie kann das funktionieren? Womit sollen wir dabei beginnen?

Haben Sie schon einmal einem Kind die Möglichkeit gegeben, Ihnen zu helfen – ja, ein Kind um Hilfe gebeten? Wie hat es reagiert? Hat es Sie unterstützt? Untersuchungen zum Hilfeverhalten von Schimpansen und kleinen Kindern zeigen, dass sowohl Menschenaffen als auch Kinder bereits im Alter von 18 Monaten von sich aus anderen Menschen helfen, auch wenn diese fremd sind und ihnen am Schluss keine Belohnung winkt.[73] Wir scheinen von Natur aus zu gegenseitiger Unterstützung, zu Hilfsbereitschaft und Kooperation fähig und willig zu sein. Menschen sind soziale Wesen. Konkurrenzkampf und Gewaltanwendung entstehen vor allem unter Bedingungen, die einen Kampf ums Überleben und um das gute Leben nötig machen. Dafür gibt es zunehmend viele und überzeugende Belege sowohl aus sozialpsychologischen als auch aus neurowissenschaftlichen Studien. So ist unser neuronales Belohnungssystem, das angenehme Gefühle in uns erweckt und dadurch die vorangegangenen Handlungen fördert, vor allem auf die Pflege von sicheren und liebevollen Bindungen ausgelegt. Der Neurowissenschaftler Joachim Bauer fasst die Ergebnisse von Studien zu den neuronalen Belohnungs- und Motivationssystemen so zusammen: »Nichts aktiviert die Motivationssysteme so sehr wie der Wunsch, von anderen gesehen zu werden, die Aussicht auf soziale Anerkennung, das Erleben positiver Zuwendung und – erst recht – die Erfahrung von Liebe.«[74]

Wie wäre es, wenn wir unser Leben mit Kindern so einrichteten, dass sie ihre sozialen Begabungen ideal entfalten und entwickeln könnten? Wie müsste unser Zusammenleben in den »Institutionen« der Familie, des Kindergartens und der Schule dann aussehen? Würde weiterhin eine kleine Gruppe von

»mächtigen« Erwachsenen bestimmen, wer, was, wann und wie zu tun hätte? Würde weiterhin ein Erwachsener fast alles, was 30 oder mehr Kinder auf seine Anweisungen hin täten, auf einer Skala von eins bis sechs bewerten? Würde weiterhin eine immer im gleichen Rhythmus ertönende elektrische Klingel die gemeinsame Tagesstruktur festlegen? Was lernen wir unter diesen Bedingungen?

> Ob wir unsere sozialen Fähigkeiten oder unsere Anlagen für Egoismus, Eigennutz und Gewaltbereitschaft entwickeln und im Alltag anwenden, hängt in erster Linie von den Erfahrungen ab, die wir zu Beginn unseres Lebens machen, und von den Bedingungen, unter denen wir lernen, mit anderen Menschen zusammenzuleben.
> Die Qualität unseres Miteinanders in Familie, Kindergarten und Schule prägt ganz entscheidend, ob und wie Kinder ihre sozialen Fähigkeiten entwickeln.

Unsere Umwelt formt uns. Die Kinder, die erfolgreich den geheimen Lehrplan einer fremdbestimmten und abwertenden Lernorganisation verinnerlichen, lernen vor allem, ihre Interessen zurückzustellen, indem sie ihre eigenen Impulse ignorieren und sich den Inhabern der Macht oder dem gesichtslosen System unterordnen. Und sie lernen mit großer Wahrscheinlichkeit Tricks und Schliche, die sie in den Augen ihrer Bewerter klüger und besser erscheinen lassen als ihre MitschülerInnen. Wenn das Lernen so organisiert ist, sind die Bedingungen für die Entwicklung von gegenseitiger Unterstützung und achtungsvoller Zusammenarbeit denkbar schlecht.

Wem die Entwicklung demokratiefördernder Fähigkeiten bei Kindern am Herzen liegt, der sollte sich fragen, ob wir ihren Alltag allen Ernstes weiterhin nach darwinistischen Grundsätzen gestalten wollen. Möchten wir weiterhin in einer Welt leben, die nur das Weiterkommen der Stärkeren fördert und die Verlierer aussortiert? Und was wollen wir mit der zunehmenden Zahl der Verlierer tun? Bleibt uns dann nur der Ausbau der Strafvollzugsanstalten? Oder sollen wir uns wie der thüringische Ministerpräsident Dieter Althaus für die Zahlung eines bedingungslosen Grundeinkommens engagieren, das den »Verlierern« wenigstens die Rolle halbwegs würdevoller »Verbraucher« zugesteht?[75] Möchten wir, dass wichtige militärische, politische, wirtschaftliche und kulturelle Entscheidungen vor allem von Menschen getroffen werden, die in ihre Entscheiderpositionen gelangt sind, weil sie sich im Konkurrenzkampf um Macht und Pfründe am vehementesten gegen ihre Mitbewerber durchsetzen konnten? Oder wie wollen wir miteinander leben?

Lernfreundliche Schulen

Wie müsste eine Lebens- und Lernwelt aussehen, in der wir jedes Kind als wertvoll und liebenswert anerkennen und durch unsere zugewandte Bezogenheit zur Entwicklung seiner sozialen und kreativen Fähigkeiten anregen und befähigen? Viele LehrerInnen engagieren sich bereits dafür und leiden dabei oft unter den ungünstigen Umweltbedingungen. Die Bielefelder Laborschule ist einer der Orte in Deutschland, an dem sich experimentierfreudige PädagogInnen strukturelle Freiräume geschaffen haben, um gemeinsam praktikable Schulkonzepte zu erproben. Die Leitlinien der Schule skizzieren einige wichtige Grundsätze, die dabei bisher gefunden wurden. Dazu ein Auszug:

»**Schule als Lebens- und Erfahrungsraum:** Die Laborschule möchte ein Ort sein, wo Kinder und Jugendliche gern leben und lernen. Sie möchte ihnen wichtige Grunderfahrungen ermöglichen, die viele von ihnen sonst nicht machen könnten. Leben und Lernen sollen, soweit dies möglich und sinnvoll ist, eng aufeinander bezogen sein. Der Unterricht folgt dem Prinzip, Lernen an und aus der Erfahrung (und nicht primär aus Belehrung) zu ermöglichen.

Mit Unterschieden leben: Die Schule will die Unterschiede zwischen den Kindern bewusst bejahen und als Bereicherung verstehen. Daraus ergibt sich eine weitgehende Individualisierung des Unterrichts, die Rücksicht auf das unterschiedliche Lerntempo der Kinder und ihre individuell verschiedenen Bedürfnisse und Fähigkeiten nimmt. LaborschülerInnen leben und lernen gemeinsam in leistungs-, teilweise auch altersheterogenen Gruppen. Die Schule will niemanden aussondern, es gibt auch kein ›Sitzenbleiben‹ und keine äußere Leistungsdifferenzierung, an deren Stelle die Differenzierung der Angebote tritt.

Schule als Gesellschaft im Kleinen: Die Schule versteht sich zugleich als Gemeinschaft aller in ihr tätigen Personen, die einander in ihrer Unterschiedlichkeit akzeptieren und achten. Die Verhaltensweisen, die von erwachsenen BürgerInnen unserer Gesellschaft erwartet werden, sollen hier im Alltag gelernt werden: das friedliche und vernünftige Regeln gemeinsamer Angelegenheiten. Solches Lernen geschieht durch Verantwortung und Beteiligung. In dieser ›Gesellschaft im Kleinen‹ lernen die Einzelnen, für übernommene Aufgaben und zunehmend auch für den eigenen Lernweg verantwortlich einzustehen.«[76]

Der PISA-Test von 2002 bescheinigte den 15-jährigen LaborschülerInnen »hohe Bereitschaft zur sozialen Verantwortungsübernahme und zu sozialem Engagement. Weiterhin bekunden Laborschüler eine deutlich höhere Bereitschaft zur Integration von Ausländern in die Gesellschaft ... Laborschüler erzielen in einem Test zum politischen Verstehen bessere Leistungen und zeigen ein höheres politisches Informationsverhalten«. In den Bereichen Lesen und Naturwissenschaften entsprachen ihre Leistungen ungefähr denen vergleichbarer SchülerInnen anderer Schulen. Die Leistungen in Mathematik blieben dabei etwas unter dem Mittelwert der Vergleichsgruppe. Für die Gruppe der 15-Jährigen, die in die gymnasiale Oberstufe übergingen, lagen die Lese- und Naturwissenschaftsleistungen an der Laborschule geringfügig über den Werten für vergleichbare SchülerInnen, in Mathematik geringfügig darunter.[77]

Eine weitere Schule, in der »nachdrücklich *andere Formen des Lernens* praktiziert werden und Selbstständigkeit unterstützt wird«, ist die Helene-Lange-Schule in Wiesbaden, eine von vier Versuchsschulen des Landes Hessen. Auch sie versteht sich als ein »Lebensraum«, in dem eine freundliche und konstruktive Lernatmosphäre kultiviert wird. Selbstständiges Lernen wird in Gruppen- und Projektarbeit gefördert. Dabei werden gezielt Lern- und Arbeitstechniken vermittelt und die SchülerInnen schulen ihre Kommunikations- und Präsentationsfähigkeiten. Außerdem gibt es Freiräume für »offenes Lernen«, die den Kindern Gelegenheit, Anregungen und Zeit für handwerkliches und gestaltendes Arbeiten bieten. So bildet das Theaterspielen ein zentrales Element in den Klassen fünf bis zehn. Ab Klasse sieben werden Praktika außerhalb der Schule wichtig und die SchülerInnen können sich im Rahmen einer Kooperation mit der UNESCO in einem Entwicklungshilfeprojekt in Nepal engagieren. Die Schule setzt auf das Erlernen von Mitbestimmung und Selbstorganisation durch die SchülerInnen. So treffen sie eigene Entscheidungen bei der Auswahl der Lerninhalte, -orte und -partner und sie reflektieren ihre Fortschritte in Lerngesprächen mit den Lehrern. Die Schulräume werden von ihnen selbst geputzt. Im wöchentlichen Klassenrat verhandeln sie die Regeln ihres Zusammenlebens und ringen um die Lösung von Problemen.[78]

Beim PISA-Test 2000 zeigten die SchülerInnen in den Bereichen Lesen und Naturwissenschaften einen Vorsprung von einem Schuljahr vor der Vergleichsgruppe. Auch in Mathematik übertrafen die Wiesbadener SchülerInnen sie. Die Werte für die Zufriedenheit der Schüler mit ihrer Schule und mit der Schüler-Lehrer-Beziehung überstiegen die Werte der Vergleichsgruppe ebenfalls.[79]

In lernfreundlichen Schulen lernen die Kinder nicht nach rigiden Lehrplänen, die ihre individuellen Begabungen und Bedürfnisse nicht respektieren können, sondern vor allem in altersübergreifenden und individualisierten Lernprojekten. Dabei sind die Kinder gefordert, sich aktiv an der Gestaltung der Regeln zu beteiligen, nach denen das Zusammenleben in der Schule organisiert wird. Die Schule selbst wird hierbei zum Produkt des gemeinsamen Lernens und Arbeitens. So lernen die Kinder beispielsweise die Ausübung demokratischer Rechte dadurch, dass sie die Verantwortung für die Gestaltung ihres Schulalltags mittragen. Diese Erfahrungen aus lernfreundlichen Schulen lassen sich auch auf die Familie übertragen, denn vor allem hier haben wir die Macht, formenden Einfluss auf unsere Lebenswelt zu nehmen.

ERMUTIGUNGEN

Wenn du an deine eigenen Erfahrungen in der Familie und in der Schule denkst, was hat dich ermutigt, ein selbstständiger, zugewandter, liebevoller, kreativer und glücklicher Erwachsener zu werden?

Welche Eigenschaften deiner Eltern und Verwandten, deiner LehrerInnen und Mitschüler haben dir gutgetan?

Welche Eigenschaften des Lernstoffes, des Zusammenseins mit den MitschülerInnen und der Organisation des Schullebens hast du als anregend und fördernd erlebt?

Welche Regeln und Rituale aus deiner Kinderzeit und Familie waren dir lieb und hilfreich?
Welche hast du beibehalten?
Welche möchtest du heute an Kinder weitergeben?

Was hättest du dir zur weiteren Unterstützung von deiner Familie und Schule gewünscht?

Vielleicht magst du dich fragen, ob du heute deine Möglichkeiten nutzt, um deine Erfahrungen für die bestmögliche Gestaltung der Lebens- und Lernbedingungen deiner Kinder einzubringen.
Was und wer könnte dich dabei noch unterstützen?

Bremer Bürger betrieben seit Anfang der 1990er-Jahre erfolgreich eine illegale, »freie« Schule, die unter Umgehung der gesetzlichen Bestimmungen 14 Jahre lang existierte.[80] Solche Wege tragen sicher nicht zur Entwicklung des Schulsystems bei. Inzwischen gibt es Netzwerke, in denen sich die Befürworter von demokratischen Schulen engagieren und gegenseitig unterstützen können.[81] Und für eine liebevolle, emotional intelligente, lernfreundliche und demokratische Gestaltung unserer Familienkultur können wir uns auf jeden Fall engagieren. Das kann mit der Einstimmung auf das noch ungeborene Kind im Mutterleib beginnen. Bei Babys und Kleinkindern können wir achtsam auf ihre Bedürfnisse nach Zuwendung und Kooperation eingehen. Wenn wir z.B. beim Wickeln warten, bis Blickkontakt entstanden ist und es sich auf die gewohnten Bewegungen eingestellt hat, kann auch ein Baby schon erleben, wie viel schöner es ist, zu kooperieren statt gehandhabt zu werden.[82] Im Zusammenleben und -arbeiten mit Kindern und Jugendlichen haben wir täglich und ein Leben lang die Möglichkeit, entweder unbedarft Gewalt anzuwenden und uns gegenseitig zu verletzen oder die Kunst der gewaltfreien Kommunikation zu kultivieren. Dabei ersetzen wir Vorwürfe und Anschuldigungen durch das Erkennen und Äußern unserer Gefühle, Bedürfnisse und Wünsche.[83]

Eigenzeitlichkeit

Linus ist gerade vom Mittagsschlaf erwacht.
Er liegt mit schlafroten Bäckchen in seinem Bett und schaut zum Fenster.
Draußen bewegen sich die kahlen Bäume im Herbstwind.
Die Nachmittagssonne steht tief.
Sie scheint durch die Bäume ins Zimmer.
Auf der Wand neben dem Fenster bewegen sich die Schattenbäume
wie riesige Meerespflanzen.
Da kommt seine Mutter herein und drängt zum Anziehen.
Es ist schon spät und wenn die Autobahn wieder verstopft ist wie gestern,
kommen sie nicht rechtzeitig zur Spielgruppe und danach
sind sie mit Sophia und Larsen zum Schwimmen verabredet.

===== INSELN IM TAG ─────────────────────────────

Haben deine Kinder Zeiträume, die offen sind für Ungeplantes?
Diese Momente öffnen sich wie Blumen in der Sonne.
Sie entfalten sich genauso zart und mögen sich gern auch sanft wieder schließen,
wenn die Zeit dafür gekommen ist.
Gönnst du dir selbst solche Inseln im Tag?
Hast du heute schon eine Inselzeit gehabt?
Wann ist Raum für die nächste?

Lernen kann am besten in Räumen geschehen, die zum Erkunden und Entdecken einladen. Dabei möchten Kinder gern in ihrer eigenen Geschwindigkeit vorgehen. Es ist unsere Aufgabe als Eltern und Lehrende, solche Räume zu schaffen, in denen die Kinder und auch wir selbst mit allen Sinnen, dem Körper, den Gefühlen und dem Verstand angesprochen sind und zum Lernen angeregt werden. Dazu gehört auch die Möglichkeit, sich nach den eigenen zeitlichen Bedürfnissen bewegen zu können. Wenn diese Räume dem erreichten Entwicklungsstand der Lernenden entsprechen, d.h. wenn die Kinder weder unter- noch überfordert sind, wird ihre Aufmerksamkeit geweckt und sie können aktiv werden. Beim Entdecken, Begreifen und Selbermachen können sich dann ihre Erkenntnisfähigkeiten entfalten. Dazu brauchen Kinder Zeit. Sie wollen sich einschwingen und in Resonanz mit ihrer Welt kommen. Dabei hat jedes Kind seinen individuellen Rhythmus und kann zu verschiedenen Zeiten und Phasen ganz unterschiedliche Bedürfnisse haben.

Um zu spüren, was interessant und sinnvoll für unsere eigene Entwicklung ist, um wissen zu können, was wir wollen und brauchen, muss es immer wieder offene, ungetaktete Zeiträume geben. Neben den nach außen gerichteten Aktivitäten sollten auch Gelegenheit und Raum für den Blick nach innen, für Kontemplation und Muße sein. Dieser Wechsel von Außen- und Innensicht gehört zum natürlichen Grundrhythmus unseres Lebens.

═══════ **DEIN RHYTHMUS** ────────────────────────────────

Vielleicht kennst du das von dir selbst.
Wie lange bleibt deine Aufmerksamkeit konzentriert bei einer Aktivität,
bevor sich ein Bedürfnis nach Pause, nach Bewegung, nach einem Snack
oder nach dem Verfolgen eines eigenen Gedankens oder Tagtraumes regt?
Bemerkst du diese Bedürfnisse bei dir?
Gibst du ihnen dann nach?
Wie machst du das?

═══════════════════════════════════

Bei den meisten Erwachsenen stellt sich ein solches Bedürfnis nach etwa anderthalb Stunden ein. Nach diesem Rhythmus richten sich daher auch viele Formate der strukturierten Betätigung. Filme, Fußballspiele, Theaterstücke, Vorlesungen und Vorträge dauern meist etwa so lange oder sehen nach dieser Zeitspanne eine Pause vor. Auch bei der Strukturierung von Lernprozessen sollte unbedingt Raum für solche Pausen eingeräumt werden. Der Psychologe und Hypnotherapeut Ernest Rossi beschreibt, wie solche Pausen zum Erhalt der Konzentration und Gesundheit beitragen und wie sich damit Überanstrengung und Burnout vermeiden lassen.[84] Als Schüler und Kollege von Milton Erickson konnte er beobachten, wie dieser in seinen ungewöhnlich langen Therapiegesprächen seine Klienten genau nach dieser Zeitspanne zu kontemplativer Innenschau und Hypnose einlud. Ihre Aufmerksamkeit wandte sich dann, ihrem natürlichen Rhythmus folgend, schon von sich aus nach innen. Erickson arbeitete mit diesem Fluss und war ein außergewöhnlich guter und inspirierender Therapeut. Auch in unserer Tagesgestaltung mit Kindern und im Unterricht können wir lernen, mit diesem Rhythmus mitzugehen.

> Kinder haben ein natürliches Gespür für sich und ihre Bedürfnisse. Sie bemerken, wann ihnen Bewegung oder Stille guttun. Bei der Gestaltung und Organisation unseres Alltags in der Familie und in Bildungseinrichtungen können wir auf die Weisheit der natürlichen Rhythmen vertrauen, die in gesunden Kindern lebendig sind. Einfühlungsvermögen, Intuition und Einfallsreichtum sind gefragt, um Rhythmen und Tagesabläufe so zu gestalten oder zu verändern, dass sie unsere Fähigkeiten der Selbstwahrnehmung und Selbstregulation fördern, anstatt sie zu unterdrücken. Ziel gemeinsamer Tagesstrukturen sollte es sein, Orientierung und Sicherheit in unserem Zusammenleben zu fördern. Dabei wollen aber auch individuelle Bedürfnisse be- und geachtet werden.

In einer Untersuchung zum Arbeits- und Lebensstil von Unternehmensberatern stellten meine KollegInnen und ich fest, dass diese Berater große Schwierigkeiten damit hatten, zu bemerken, wann ihnen eine Pause guttäte und sich dementsprechend dann auch eine solche zu gönnen. Sie hatten so gut wie keine Wahrnehmung für die Signale ihres Organismus entwickelt, die ihnen anzeigten, dass sie überlastet sind. Die Unternehmer hatten es gänzlich verlernt, ihre inneren Rhythmen wahrzunehmen und sich darauf einzustellen. Durch viel Kaffee und stark zuckerhaltige Softdrinks pushten sie sich zum Teil seit Jahren durch die Phasen, die ihnen Innensicht und Erholung ermöglicht hätten. Damit erfüllten sie Grundbedingungen für die Entstehung von Burnout, chronischer Erschöpfung und Herzinfarkt. Durch Anregungen zum achtsamen Gewahrsein konnten sie dennoch das Gespür für sich und ihre Bedürfnisse wecken. Sie waren dann besser in der Lage, Wechsel von An- und Entspannung in ihren Tagesablauf zu integrieren und sie bewegten sich mehr.[85]

Da die Arbeitswelt zunehmend von der Entgrenzung zwischen Arbeits- und Freizeit bestimmt wird und immer weniger von Stechuhr und Werkssirene, liegt die Verantwortung für die zeitliche Tagesgestaltung mehr denn je bei uns selbst. Die Wahrnehmung und Umsetzung eines Rhythmus von Arbeit, Pausen und Freizeit, der auch unseren eigenen Bedürfnissen und biologischen Rhythmen entspricht, gehört zu den wichtigsten Fähigkeiten der Selbstfürsorge und Gesundheitsförderung. Selbstverantwortlich gestaltbare Abläufe des Lernens und Lehrens tragen zur Kultivierung dieser Fähigkeit bei.

Raum für Kreativität

Vielleicht kennen Sie das Phänomen, dass, wenn Ihnen ein Name nicht einfallen will, Sie konzentriert für eine Weile darum ringen und dann davon ablassen, um die Aufmerksamkeit etwas anderem zuzuwenden. Nach einiger Zeit fällt Ihnen der Name dann scheinbar wie von selbst wieder ein. Der Wechsel von konzentriertem Ringen und dem anschließenden Öffnen eines schöpferischen Freiraumes, in dem sich die Impulse und Gedanken entwickeln und reifen können, kennzeichnet auch kreative Prozesse. Dabei ähnelt dieser Freiraum dem achtsamen Gewahrsein. Beide werden möglich, wenn wir unser Tun von Zeit zu Zeit ruhen lassen. Dann kann sich unter Umständen ein Reichtum an schöpferischen Impulsen entfalten, der das bloße Wiederholen und Kombinieren vorhandener Ideen und Konzepte bei weitem an Lebendigkeit, Originalität und Bedeutsamkeit zu übertreffen vermag.

Der in Japan lebende Philosoph David Loy hat eine Sammlung von Beschreibungen kreativer Schaffensprozesse aus Wissenschaft, Literatur und Musik zusammengestellt, in denen schöpferkräftige Persönlichkeiten wie Mozart, Tschaikowsky, Beethoven, Elgar, Brahms, Strawinsky, Puccini, Nietzsche, Jakob Böhme, Milton, Goethe, Lewis Carroll und viele mehr berichten, wie sie aus einer kreativen Versunkenheit und gleichzeitigen wachen Bewegtheit heraus Originelles und Großes vollbracht oder entdeckt haben.[86] Dabei wiederholen sich die Berichte von Eingebungen, die sich auch ohne aktives Zutun der Empfänger einstellten. So schreibt z.B. Goethe über das Schreiben von Gedichten: »Ich hatte davon vorher durchaus keine Eindrücke und keine Ahnung, sondern sie kamen plötzlich über mich und wollten augenblicklich gemacht sein, so dass ich sie auf der Stelle instinktmäßig und traumartig niederzuschreiben mich getrieben fühlte.«[87] Es gehört zu den Fähigkeiten kreativer Menschen, sich für Eingebungen öffnen zu können und diese dann in eine mitteilbare Form zu fassen.

Maria Montessori hat die besondere Qualität des Bewusstseins, mit der Kinder im gegenwärtigen Augenblick präsent sind, als »Polarisation der Aufmerksamkeit« beschrieben. Und ein Großteil ihrer Pädagogik beruht auf der Einladung zum achtsamen Sein und Tun. Durch das Eintreten in das achtsame Gewahrsein öffnet sich für uns ein Raum, in dem der, wie Montessori ihn nennt, »absorbierende Geist« über die Grenzen des rationalen Denkens hinaus empfangend und schöpferisch wirken kann.[88] Kinder erleben solche Öffnungen immer wieder. Sie finden überall Anlässe dazu. In diesen kostbaren Momenten können wir uns ihnen anschließen und ihnen hinaus auf die »Lichtung« folgen, wenn wir sachte und leise sind.

Charlotte ist fast zwei.
Sie sitzt im Sand und ein seltsamer Zauber geht von ihr aus.
Sie schaut auf ihre linke Hand, die halb von Sand bedeckt ist.
Charlotte schaut und schaut.
Ganz versunken ist sie in dieses Schauen.
Dabei ist sie wach und präsent.
Doch scheint die Zeit um sie oder in ihr still zu stehen.
Sie sitzt wie auf einer Lichtung im sonstigen Geschehen.
Andächtig schaue ich sie an
und mein Herz wird warm.
Kostbar ist dieser Moment und zart.

Wenn wir von der Lichtung außerhalb vom Fluss der Zeit in die Welt des Vorher und Nachher zurückkehren, können wir versuchen, Anmutungen dieser Erfahrung in unser tägliches Leben einfließen zu lassen. Wir ermöglichen dann dem Sein, durch unser Tun hindurchzuscheinen. Unser Tun wird dabei durchlässig für das Eigentliche. Ein Weg, wie das möglich wird, ist das Zulassen und Einladen eines Rhythmus im Familien-, Schul- und Arbeitsalltag, der auch Raum für Stille und Kontemplation offenhält.

Eine niederländische Untersuchung über die Wirkung von Gesprächspausen in Arbeitsberatungen hat gezeigt, dass sich allein durch fünf Minuten stillen Nachdenkens während einer 45-minütigen Besprechung die Anzahl der Ideen in Arbeitsgruppen verdoppelte. Vor allem, wenn sich in der Gruppe Menschen befinden, die für die Ideen ihrer Kollegen empfänglich sind, so fand Arne de Vet an der Universität Tilburg in seiner Untersuchung mit über 400 Personen heraus, befreit eine solche Denkpause von der geistigen Doppelbelastung durch gleichzeitiges Reden und Denken. Durch das Einlegen solch kontemplativer Pausen lässt sich die kollektive Weisheit einer Gruppe besonders gut nutzen.[89]

Im Kontext von Lehren und Lernen lassen wir das kreative Potenzial von Pausen ungenutzt, wenn wir nach der Pause grundsätzlich mit neuen Themen weiterarbeiten, die keinen Bezug zu den Aktivitäten vor der Pause aufweisen. Der forciert getaktete 45-Minuten-Rhythmus der Schule und der 90-Minuten-Rhythmus der Universität unterbricht kreative Prozesse. Der Fächerwechsel nach der Pause zerstört die Kontinuität, die für eine vertiefte Beschäftigung mit Inhalten unerlässlich ist. Dadurch wird nicht nur eine eingehende und bedeutsame Beschäftigung mit den Inhalten unmöglich, auch die Fähigkeit, Interesse zu entwickeln, über einen längeren Zeitraum aufrechtzuerhalten und als Motor für die vertiefte Erkundung und Entwicklung eines Themas zu nutzen, wird dadurch regelrecht abtrainiert. Viel sinnvoller sind Blockarbeitsphasen, die einem Thema gewidmet sind. Dabei sollte neben einigen längeren geplanten Pausen auch Raum für individuelle Pausen eingeräumt werden.

Eine kreativitätsfördernde Lernstruktur ermöglicht es den Lernenden, ihren Bedürfnissen nach einem rhythmischen Wechsel von Phasen der nach außen gerichteten Aufmerksamkeit und Aktivität und dem Nachgehen von Impulsen für Stille, Innenschau oder Bewegung und Kurzweil zu folgen.[90]

WIR IN DER GESTALTETEN UM-WELT

Kreisläufe und unsere ökologische Verantwortung

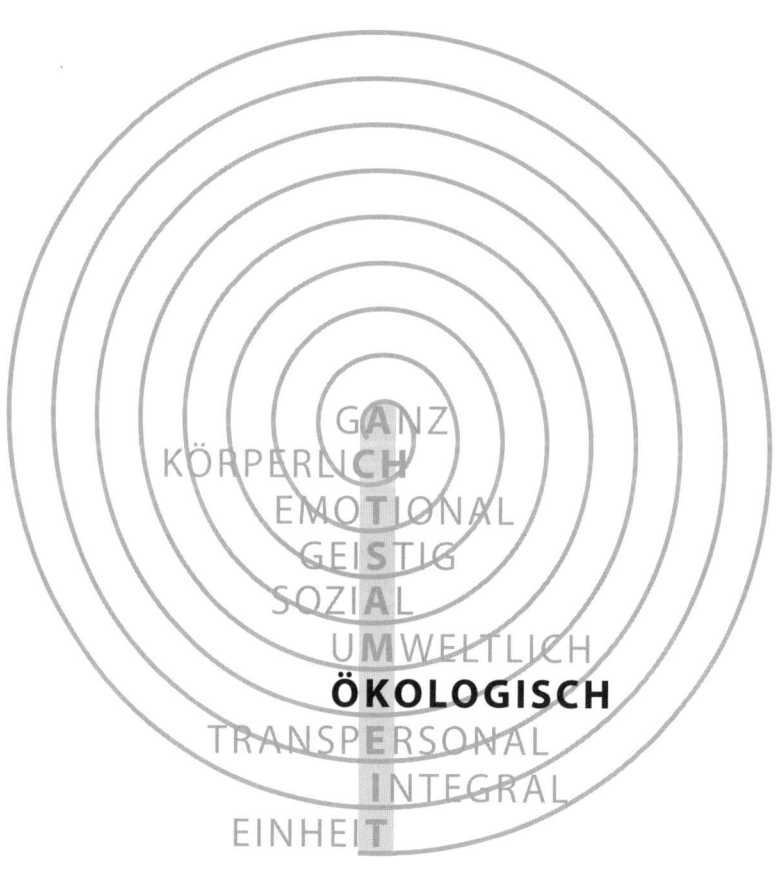

GANZ
KÖRPERLICH
EMOTIONAL
GEISTIG
SOZIAL
UMWELTLICH
ÖKOLOGISCH
TRANSPERSONAL
INTEGRAL
EINHEIT

Wo ist die Natur?

Klara sitzt auf ihrem Wickeltisch am Fenster. Sie lebt mit ihren Eltern mitten in Köln.

Von ihrem Dachbalkon im vierten Stock kann Klara die schwarzen Türme des Doms sehen.

Vor dem Haus stehen vier Bäume.

Zum nächsten Park oder an die Rheinwiesen fahren sie mit dem Auto.

Fast alles, was sie umgibt, haben Menschen gemacht.

Klara und ihre Eltern leben ganz nach dem Takt der Menschenwelt,
den die Uhren und der Wecker messen und verkünden.

So leben alle um sie herum. Großstadtleben eben.

Die Natur hat ihren Platz draußen, vor den Toren der Stadt, oder?

Gut, der Himmel ist auch Natur. Und die Vögel und Fliegen und Katzen und Hunde.

Klara zieht ihr T-Shirt hoch und streichelt ihren nackten Bauch.

Was sie da unter den Fingern spürt, ist auch warme, lebendige und kitzelige Natur.

Das Reich der Natur beginnt unter unserem T-Shirt. Und auch die Hand, die den Bauch streichelt, ist Teil der Natur. Ebenso die Augen, die dieses Buch lesen, und das Gehirn, das die schwarzen Zeichen als Buchstaben erkennt, zu Worten und Gedanken fügt und Bilder und Ideen erzeugt. All das ist Natur und lebt nach ihren uralten, kreisläufigen, sich selbst regulierenden Bewegungs- und Entwicklungsregeln. Einzig unser Geist scheint fähig zu sein, diese immer wieder in sich zurückführenden Bahnen zu verlassen. Er ist nicht auf kreisläufiges Denken festgelegt. Wir können den Dingen geradewegs auf den Grund gehen und Ursachen für Erscheinungen ergründen. Wir haben unsere Fähigkeiten zur Gestaltung der Welt bisher genutzt, ohne die Wirkungen unserer Veränderungen auf das Ganze wahrzunehmen und zu bedenken. So haben wir in den letzten 100 Jahren unsere Lebenswelt tiefgreifender und unwiderruflicher verändert als in den 200.000 Jahren zuvor.

Mit der Zunahme unserer Fortschritte und der selbstgemachten Probleme ist einerseits die Weite unseres Blickes und Verstehens gewachsen, zum anderen aber auch unsere mutwillige Ignoranz. Wir haben vergessen, dass unter unserem T-Shirt das wunderbare, verletzliche und im Universum vielleicht einmalige Reich der Natur beginnt. Geburt, Krankheit, Altern und Tod halten wir uns durch Institutionen vom Leibe. Nahrungsmittel finden wir normiert, in Plastik eingeschweißt und geruchsneutral im Kühlregal der Discounter. Aufgeschreckt durch die stark steigenden Preise für Heizöl und Benzin beginnen wir nun langsam zu ahnen, wie sehr unser Leben von den endlichen Schätzen der Natur abhängt. Doch von einem wahrhaft tief empfundenen Bezug zur Natur und zur Erde, der einen bedeutsamen Einfluss auf unsere alltäglichen Entscheidungen nehmen könnte, sind wir fast alle sehr weit entfernt. Zu sehr sind wir mit uns selbst und unseren kleinen Menschenwelten beschäftigt, auf die wir uns seit unserer Kindheit haben beschränken lassen. Wenn wir uns dessen gewahr werden, können wir unsere Kinder einladen, ihre Blicke und Herzen weiter werden zu lassen, um das Ganze zu sehen und zu spüren, wie wunderbar und kostbar es ist.

DER WEITE BLICK

In klaren Nächten fällt der weite Blick leicht.
Schauen wir gemeinsam mit den Kindern in den Himmel.
Erahnen wir die unermessliche Weite und Tiefe des Alls.
Lassen wir die Vielzahl der Sterne und Monde unseren Geist und unser Herz
berühren.
Wenn du magst, zeige den Kindern Sternbilder und lass sie einzelne Sterne
wiedererkennen.

Schon mit einfachen Fernrohren eröffnen sich interessante Details auf dem Mond.
Und da der Mond oft auch am Tage zu sehen ist,
fällt es leicht, zu wissen, welche seiner Phasen er jetzt durchläuft.
Weißt du, in welcher Phase er sich grad befindet?
Kannst du in die Richtung zeigen, wo er jetzt steht?
Und wo steht die Sonne?
Wenn wir den Wandel von Sonne und Mond begleiten
und wissen, wo am Himmel sie zu jeder Zeit stehen,
verbinden wir uns mit der kreisenden Bewegung von Wandel und Wiederkehr,
die in der Natur und in allem Lebendigen wirkt.

Wir in der gestalteten Um-Welt

Die Verbindung mit dem großen Kreisen, das uns umgibt, kann die Dimension des weiten Blicks in unserem Leben öffnen. Kinder sind oft empfänglich dafür, da ihre geistigen Kapazitäten noch nicht ganz mit »irdischen« Belangen überfüllt sind. Und nur dieser weite Blick ermöglicht es, einen Referenzpunkt zu finden, der außerhalb der Themen und Belange liegt, die uns täglich beschäftigt halten. Wenn wir aus dessen Perspektive auf unser Treiben blicken können, fällt es uns sehr viel leichter zu wissen, was wir für den Erhalt der Natur um uns und in uns tun wollen und können.

Kreisläufe und die Achtung vor dem Sein

Alles, was lebt, alles, was vorhanden ist, hat eine Berechtigung zum Dasein. Gläubige Christen nennen das Ganze »Schöpfung«, ein Wort, das sowohl für das Produkt als auch für den Vorgang des In-die-Welt-Bringens verwendet wird. Und so ist auch das Ganze ständig dabei, sich selbst zu erneuern und zu erschaffen. Dabei bewegen sich die Stoffe, die Energie und die Informationen in großen Kreisläufen.

===== KREISLÄUFE ENTDECKEN ======

Welche Kreisläufe kennst du?

Wasser z.B. fließt aus dem Wasserhahn.

Wir trinken es, waschen uns damit und gießen die Blumen.

Wo geht es dann hin?

In die Kanalisation, dann ins Klärwerk und von dort in einen Fluss.

In welches Klärwerk fließt dein Abwasser? Warst du schon einmal dort?

Und in welchen Fluss fließt es von dort?

Wohin fließt der Fluss?

In welchem Meer »landet« dein Wasser schließlich?

Was geschieht im Meer damit?

Warum läuft das Meer nicht über,

obwohl von allen Seiten die Flüsse ständig noch mehr Wasser bringen?

Hast du schon einmal bemerkt, wie über dem Meer oft viele Wolken sind?
Kannst du dir vorstellen, wie dein Wasser zu einer Wolke geworden ist?
Über dem Meer weht fast immer ein kräftiger Wind.
Er weht die Wolke übers Land und irgendwann regnet das Wasser auf die Erde.
Wie kommt es von der Erde in die Wasserleitung?
Weißt du, aus welchem Stausee oder aus welchem Wasserwerk dein Wasser kommt?
Fahr mal hin am Wochenende.
Am besten benutzt du dabei ein Fahrzeug,
dessen Antrieb in den großen Kreisläufen keinen Schaden anrichtet.
Wie ist das mit Autos, dem Zug oder dem Fahrrad?
Zu welchen Kreisläufen gehören sie?

Wir können Kinder für die Kreisläufe des Lebens begeistern, wenn wir unsere Lebenswelt mit Lebendigem bereichern. Das Säen von Ostergras auf einem Teller, der Blumentopf auf der Fensterbank, die Kräuter im Garten, Haustiere und viel Zeit und Muße an der frischen Luft lassen uns den Puls der Natur spüren. Das Begehen von Jahreszeitenfesten und -ritualen vermittelt ein Gefühl von Vertrautheit mit dem Jahr für Jahr wiederkehrenden Wandel. Auch jahreszeitengerechtes Essen trägt dazu bei. Und wer möchte, kann mit den Kindern auch erkunden, wo die Nahrungsmittel, die wir essen, herkommen und vielleicht die kleinen lokalen Kreisläufe unterstützen.

Der Blick eines Kindes, das zum ersten Mal in seinem Leben z.B. eine Rosine sieht, kann uns erinnern, die Dinge unseres täglichen Lebens mit frischen Augen zu sehen und uns zu fragen, ob wir die Kreisläufe, denen sie entstammen, weiterhin unterstützen möchten, oder ob andere Kreisläufe besser zum Erhalt der Natur beitragen. Das Innehalten und Heraustreten aus der gewohnten Bahn unseres alltäglichen Tuns ermöglichen ein Neubedenken unseres Eingebundenseins in die Kreisläufe des Lebens. Viele dieser Kreisläufe stammen noch aus einer Epoche unseres Wirtschaftens, die auf maximalen Verbrauch von natürlichen Rohstoffen angelegt war. Damit ließ sich maximaler Profit erzeugen, weil niemand den ökologischen Schaden in Rechnung stellte. Vieles davon wird noch immer trotz besseren Wissens aufrechterhalten. Doch in allen Bereichen der Wirtschaft gibt es inzwischen Kreisläufe, die versuchen, auf den Erhalt und die Stärkung der natürlichen Ressourcen zu achten. Einige dieser Kreisläufe beziehen auch ganz bewusst die Menschen, die an der Herstellung und dem Transport der Güter beteiligt sind, in ihre Fürsorge mit ein. Mit unseren alltäglichen Entscheidungen beteiligen wir uns entweder an den auf Fürsorge, Gerechtigkeit und Naturerhalt ausgerichteten Kreisläufen oder an den zerstörerischen. Wir sollten Kinder so früh wie möglich in diese Entscheidungen einbeziehen. Dabei ist es sinnvoll und schön, uns gemeinsam mit ihnen das Wissen anzueignen, das zum Treffen solcher Entscheidungen wichtig ist.

Neben dem Wissen um die Zusammenhänge und Konsequenzen unserer alltäglichen Konsumentscheidungen ist es vor allem auch die Haltung, die wir zum Lebendigen und zur ganzen »Schöpfung« haben, durch die wir unsere Kinder zu einem wertschätzenden und verantwortlichen Leben in und mit der Natur anregen können.
Schau deine Kinder an.
Sieh, wie sie atmen, lachen und sich bewegen.
Sieh, wie sie wachsen und das Leben zugleich genießen
und bereichern.
Lass deine Freude und dein Staunen über das wunderbare Wirken der Natur in deinen Kindern zur Vertiefung deiner Achtung vor der Natur auf der Erde beitragen.
Gib dieser Achtung praktischen und wirksamen Ausdruck in deinem Leben und lass deine Kinder daran teilhaben.
Dies ist ein wunderbarer Kreislauf.

Lernen für eine nachhaltige Entwicklung

Kindergärten und Schulen sind die Orte, wo Kinder für Themen der nachhaltigen Entwicklung begeistert werden können, auch wenn sie von ihren Eltern nicht dazu angeregt werden. Die zwei wichtigsten Wege dazu sind Herzensbildung und Wissensvermittlung. Herzensbildung stellt sich ein, wenn Kinder und wir immer wieder eine tieferfühlte und bedeutsame Verbundenheit mit der Natur erleben. Sie kann so zu einem Grundbestandteil unseres Lebensgefühls werden. Der Schutz der Natur und der Erde wird uns dann zu einem Bedürfnis, das weit über Einsichten in logische Zusammenhänge hinausgeht. Der norwegische Philosoph Arne Naess spricht daher von *Tiefenökologie*, wenn sich Herzensbedürfnis und gesunder Menschenverstand zum ökologischen Fühlen, Verstehen und Handeln verbinden.[91] Bei dem buddhistischen Lehrer Thich Nhat Hanh liest sich Tiefenökologie so:[92]

> *Die Sonne ist für unseren Körper genauso notwendig*
> *wie unser Herz.*
> *Der Wald ist für unseren Körper genauso notwendig*
> *wie unsere Lungen.*

Tiefenökologie vereint das Wissen um die ökologischen Konsequenzen unseres Handelns und um die Möglichkeiten für den Schutz der Erde mit einem tief von Herzen gefühlten Verbundensein mit der Natur. Wenn wir im Unterricht und im wirklichen Leben Kinder im Kopf und im Herzen erreichen und sie für den Schutz der Natur begeistern, wächst die Chance, dass sie aus einem inneren Bedürfnis heraus ökologisch handeln wollen und können. Mit Experimenten wie dem folgenden lassen sich Kinder und Erwachsene zu einer tief empfundenen Verbundenheit mit der Natur inspirieren. Es ist für Gruppen ab zwei Personen geeignet. Am besten gehen wir dazu ins Freie.

KOSTBARE AUGENBLICKE

Eine Person schließt die Augen, die andere führt sie fürsorglich durchs Gelände. Sie sucht dabei besonders schöne, interessante und ungewöhnliche Aus- und Anblicke.

Das kann der Blick unter einem hängenden Ast hindurch auf eine weiße und frisch glänzende Blüte sein, die umgeben ist vom vorjährigen Laub.

Vielleicht ist es das letzte rote Herbstblatt an einem von kristallweißem Morgenreif bedeckten Busch oder der grasgrüne Frosch auf dem glänzend schwarzen Stein im Bach.

Möglich sind auch ganz nahe Großaufnahmen, bei denen die Nase fast das Objekt berührt, etwa die unbekannten, geheimnisvollen Schriftzeichen, die Holzkäfer in einen alten Baumstamm genagt haben.

Die sehende Person findet solch schöne Motive und bringt dann ihre »blinde«
Partnerin in Position.
Auf ein Zeichen, wie z.B. ein Klopfen auf die Schulter, öffnet diese dann für einen
winzigen Augenblick ihre Lider und schließt sie gleich wieder. Blink – und wieder zu.

Wie eine Kamera hat sie dieses besondere und mit Sorgfalt gestaltete Bild aufge-
nommen.
Es ist dadurch ohne den sonst üblichen Kontext unseres kontinuierlichen Sehens
entstanden.
Frei von den Schleiern der alltäglichen Gewohnheit steht es nun frisch und klar für
sich im Gedächtnis wie ein Kunstwerk.
Obwohl es zum Kontinuum der Welt gehört, hat der besondere Augenblick es heraus-
gelöst.
Damit fällt es uns weniger leicht, über seine Schönheit hinwegzusehen.
Das macht diese Augenblicke kostbar.
Und dadurch wird möglich, was der Kleine Prinz »Sehen mit dem Herzen« nennt.
Auch in der sehenden und gestaltenden Person kann die Aufgabe
ein »Herzenssehen« der Wesensschönheit der Natur ermöglichen.
Schön ist es, wenn beide während des Experiments still sind.
Nach einigen Augenblicken wechseln die Rollen.
Nachher ist Zeit für einen Austausch.

Wem dieser künstlerische Zugang zu grünen Themen liegt, kann versuchen, Kinder dafür zu begeistern. Manche Kinder und Erwachsene sind sehr empfänglich für die klare und vergängliche Schönheit von Pflanzen und anderen Materialien. Besonders ästhetisch begabte Kinder sind sehr dankbar, wenn die gestaltende Beschäftigung mit der Natur sich nicht im Basteln von Kastanienmännchen erschöpft. Kunstwerke aus Naturmaterialien, wie die des deutschen Bildhauers und Fotografen Karl Bloßfeld[93] oder des schottischen Land-Art-Künstlers Andy Goldsworthy[94], verdichten unsere Wahrnehmung für die wesenhafte Schönheit der Natur und eröffnen ein Universum an Inspirationen zum eigenen Schauen, Spüren, Spielen und Gestalten. Ideen und Angebote zur Verbindung von sinnlichem Naturerleben, nachhaltiger Bildung und gestalterischen Aktivitäten bieten die von Hugo Kükelhaus' Werk inspirierten Erfahrungsfelder der Sinne, die es in verschiedenen deutschen Städten gibt[95], oder ökologisch-künstlerische Bildungsinitiativen wie das Naturgut Ophofen in Leverkusen[96].

Die Vereinten Nationen haben die zentrale Bedeutung der ökologischen Bildung erkannt und für die Jahre 2005 bis 2014 eine Weltdekade *Bildung für nachhaltige Entwicklung* ausgerufen. Seit Sommer 2007 gibt es dazu in deutscher Sprache ein Internet-Portal (http://www.bne-portal.de). Es bietet Informationen über Akteure, Lehr- und Lernmaterialien, Wettbewerbe und Veranstaltungen zur Umsetzung der UN-Dekade. Für alle, die grüne Themen zusammen mit globalen Fragen von sozialer Gerechtigkeit bearbeiten möchten, ist die *Erd-Charta* ein grundlegender Text. Im Oktober 2003 erkannte die UNESCO-Vollversammlung diesen Text als wichtigen ethischen Rahmen für die nachhaltige Entwicklung an und empfiehlt ihn seitdem als Bildungsinstrument für die Dekade. Die Entstehung der Erd-Charta ist ein Beispiel für tiefenökologisch motiviertes globales Handeln. Aus der Unzufriedenheit über den Misserfolg des Erdgipfels von Rio de Janeiro im Jahr 1992, auf dem die Regierungsvertreter sich nicht auf verbindliche Richtlinien und Selbstverpflichtungen einigen konnten, entstand eine weltweite Bewegung, die »von unten« Initiative ergriff. Unter Mitarbeit des von Michail Gorbatschow gegründeten *Green Cross International* wurden durch, wie es im Englischen heißt, »grass roots«-Arbeit im Verlauf von fast zehn Jahren Tausende von VertreterInnen fast aller Nationen, Ethnien und Religionen zur Erstellung einer gemeinsamen Erklärung eingeladen. Die auf diese Weise entstandene Erd-Charta benennt die wichtigsten aktuellen Probleme der Menschheit und ruft zu ihrer gemeinsamen Lösung auf. Und so ist dieser schlichte Text *das* Dokument geworden, zu dem so viele Menschen ihre Ideen beigetragen haben wie zu keinem anderen Schriftstück. Es verbindet den Aufruf zum Schutz der Erde und ihrer Natur mit Forderungen nach sozialer Gerechtigkeit. Organisationen, Firmen, Institutionen und Einzelpersonen können die Erd-Charta unterschreiben, wenn sie sich für das Erreichen ihrer Ziele einsetzen möchten. Die Regierungen der Niederlande und Neuseelands haben den Text bereits als zielführend für ihre staatspolitischen Entscheidungen anerkannt. Mittlerweile existiert ein weltweites Netzwerk der gegenseitigen Unterstützung bei der Einbeziehung der Charta in den Unterricht und die Schulgestaltung.[97] Eine Version der Charta speziell für Kinder findet sich im Anhang ab Seite 173.

Das auf der Website der deutschen Erd-Charta-Initiative verfügbare LehrerInnen-Handbuch zur Verwendung des Textes und seiner Ideen im Unterricht wirft einige grundsätzliche Fragen auf, die an Themen anknüpfen, die wir in diesem Buch bereits angesprochen haben:

- Wie kann man Schülerinnen und Schülern den Wert von »Kooperation« beibringen, wenn individuelle Leistungsziele ihre Hauptmotivation sind?
- Wie kann man den Grundgedanken, dass alles miteinander zusammenhängt, erläutern, wenn die einzelnen Fächer streng voneinander getrennt sind?
- Wie kann experimentelles Lernen stattfinden, wenn man auf einen Klassenraum beschränkt ist?[98]

Wenn wir ernsthaft Antworten auf diese Fragen suchen, kann nachhaltige Bildung zum Katalysator für eine nachhaltige Veränderung von Unterricht und Schule werden. Denn die Beschäftigung mit den »großen« und globalen Themen wird am sinn- und wirkungsvollsten sein, wenn wir sie mit der Untersuchung und Gestaltung der Schule selbst und unseres nächsten Lebensraumes verbinden. Dabei bietet es sich an, auch grundsätzliche Werte und Prinzipien unseres Lebens zu diskutieren. Wenn wir uns z.B. mit Kreisläufen von Erneuerung und Wiederverwendung beschäftigen, können wir das Prinzip der Suffizienz einführen, das die Frage danach stellt, was und wie viel wir brauchen, damit wir genug haben. Am besten untersuchen wir das konkret.

UNSER HAUSHALT

Wie heizen wir unsere Wohnung, unser Haus, unsere Schule?

Welche Art der Stromerzeugung nutzen und unterstützen wir?

Verbrauchen wir vielleicht mehr als wir müssten?

Wie können wir unseren Verbrauch optimieren?

Und wie funktionieren die alternativen Technologien?

Verbraucht eine Sparleuchte so viel weniger als eine normale Glühbirne?

Wie arbeitet eine Solaranlage? Können wir eine auf das Schuldach bauen?

Wozu und wie lässt sich Regenwasser nutzen?

Wollen wir wirklich in Zukunft mit Biobenzin Auto fahren, wenn das dazu angebaute Getreide besser zur Ernährung hungriger Menschen verwendet werden sollte?

Welchen Unterschied macht es, ob Bäume um unser Haus wachsen oder nicht?

Ist das Gemüse aus dem Schulgarten oder vom Bauern um die Ecke gesünder und
»besser« als die Erbsen aus Ägypten, die es im Supermarkt gibt?
Wem gehört eigentlich der Supermarkt?
Und die Wasserleitungen in unserer Stadt und unsere Schule? usw.

Begeben wir uns auf die Suche nach Lern- und Lehrformen, die uns besser als die Unterrichtsformen des 19. Jahrhunderts mit den Fähigkeiten ausstatten können, die wir zur Lösung unserer wichtigsten Aufgaben benötigen. Machen wir unseren Stadtteil oder unser Dorf zur Schule. Gehen wir mit den Kindern in den Wald und über die Felder. Lernen und lehren wir, das zu bewundern, zu verstehen und zu erhalten, was uns umgibt. Nutzen wir den Reichtum vorhandener Methoden, wie etwa das »Kooperative Lernen« nach Norman and Kathy Green[99], die »Gewaltfreie Kommunikation« nach Marschall Rosenberg[100] oder die Ansätze der Tiefenökologie und der Erd-Charta-Initiative.

> Seien wir experimentierfreudig, mutig und erfinderisch,
> um Lernen freudvoll, lebendig und sinnvoll zu gestalten.
> Und lassen wir uns dabei immer wieder von der Unvoreingenommenheit, der Neugier und der Direktheit der Kinder inspirieren.

WEITERE KREISE

Transpersonale Entwicklung

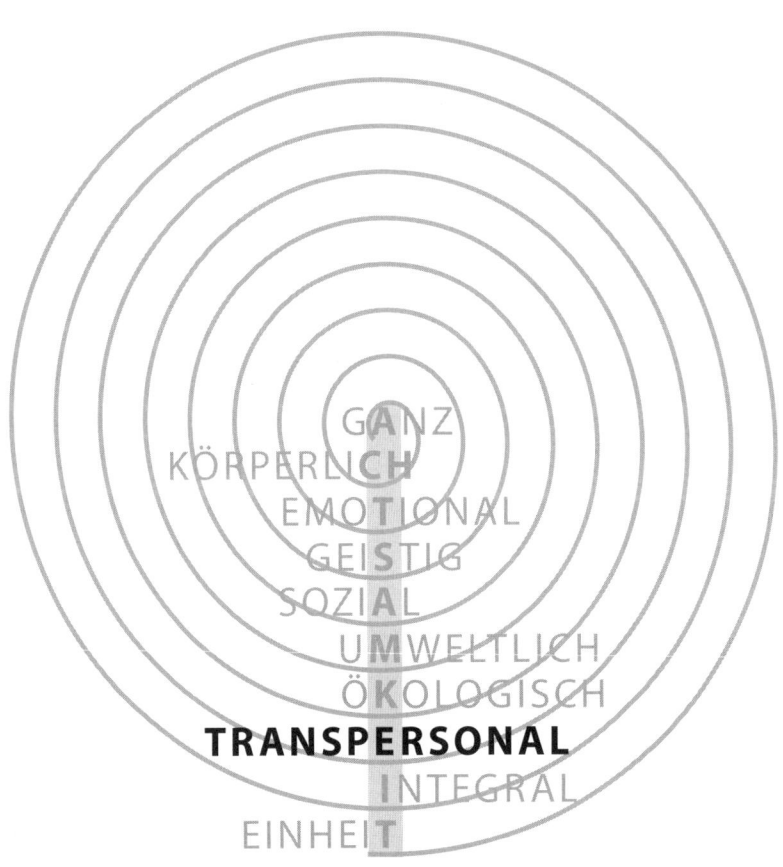

GANZ
KÖRPERLICH
EMOTIONAL
GEISTIG
SOZIAL
UMWELTLICH
ÖKOLOGISCH
TRANSPERSONAL
INTEGRAL
EINHEIT

Die durchsichtigen Ränder des Lebens

Wenn ein Kind geboren wird,
gilt es zu warten, bis seine Zeit gekommen ist.
Ist dann das Ringen und Zur-Welt-Bringen
zur Ruhe gekommen
und du hältst dein Kind in den Armen,
steht die Welt mit all ihren Aktivitäten still.

Kennen Sie dieses Gefühl? Die Anwesenheit eines eben geborenen Kindes ist einer der kraftvollsten und zugleich subtilsten Momente im Leben. Sie lässt uns die Dimensionen des eigenen Seins wahrnehmen, die außerhalb von Tun, Planen und Denken liegen. Die Präsenz eines neugeborenen Lebens hat die Kraft, uns für eine Weile aus dem Hamsterrad unserer Geschäftigkeiten zu befreien. Wenn wir diese Befreiung zulassen, schauen wir in Ruhe auf das frische Leben in unseren Armen und auf die Welt. Wir sind dann für den Moment frei vom inneren Antrieb, etwas erreichen, verändern oder tun zu müssen. Meist dauern diese Momente des Ganz-im-Augenblick-Ruhens, gemessen an der reinen Zeit, die dabei vergeht, nicht lange. In ihrer Bedeutung für unser Leben sind sie jedoch unermesslich, denn durch sie weitet sich unsere Existenz über die Grenzen unserer Person und unseres Wünschens und Wollens hinaus ins Offene.

Auch am Totenbett einer lieben Person spüren wir die Unbegreiflichkeit des Lebens. Da liegt sie, die Großmutter, die mir mein ganzes Leben lang so lieb und nah war. Bleich und fahl sieht sie aus und so still ist sie, so mucksmäuschenstill. Sie rührt sich nicht. Wenn ich ihre Hand, ihr Gesicht berühre, spüre ich eine Kälte, die mich durch und durch schaudern lässt. Da liegt nur noch eine Hülle, ein Äußeres. Das, was Großmutter ausgemacht hat, ist nun vergangen. Gestern noch haben wir miteinander gesprochen und Späße gemacht. Heute ist das Leben so still und unfassbar aus ihr gegangen, wie es einst vor vielen, vielen Jahren kam. Vielleicht konntest du, liebe Großmutter, nach deinem letzten Schnaufer mit heiterem Geist und wachem, abenteuerlustigem Herzen auch in diese neue Dimension übergehen, so wie du durch dein langes Leben gegangen bist.

So kommt und geht das Leben immer wieder, jeden Tag millionenfach. Was genau das Leben ist, wissen wir nicht. Es übersteigt unsere Gedanken und unser Verstehen. Wir nehmen es für gegeben hin, so sehr haben wir uns daran gewöhnt. In den Momenten, wo Leben beginnt und zu Ende geht, erwachen wir jedoch für das, was das Leben wirklich ist: ein unbegreifliches Geschenk. An seinen durchsichtigen Rändern können wir durch den dichten, sonst oft undurchdringlichen Nebel der Gewohnheit schauen und sehen dann für einige kostbare Augenblicke die Wirklichkeit unvermittelt hindurchscheinen. Zu allen Zeiten, wenn unsere Aufmerksamkeit den Weg nach innen nimmt, können wir uns dann an diese klaren Momente *er-innern*. Dabei haben wir immer wieder die Möglichkeit, an die durchsichtigen Ränder unserer Gewohnheiten zu treten und Schimmer der klaren Präsenz des Eigentlichen zu erahnen.

======== ERINNERUNGEN WECKEN ────────────────────

Kennst du solche Momente?
Bei Kindern stellen sie sich besonders leicht in Phasen der Wandlung und des Übergangs ein.
Vielleicht erinnerst du dich an solche Erlebnisse aus deiner Kindheit.
Womöglich hast du damals in der Dämmerung Erscheinungen wahrgenommen, die außer dir und den Haustieren niemand sah.
Vielleicht hast du zwischen Wachen und Schlaf Gestalten durch dein Zimmer wandeln gesehen. Hast du Kontakt zu ihnen aufgenommen?
Habt ihr euch zugenickt?
Eventuell ist dir in Erinnerung, dass du, als du krank und mit Fieber im Bett lagst, in unbekannte Welten geblickt hast, die von anderer Form und Dichte waren als die alltägliche und gewohnte.
Vielleicht gab es eine Zeit in deinem Leben, zu der sich ständig eine Melodie oder ein Rhythmus in dir wiederholt hat, die du nirgends zuvor in der äußeren Welt gehört hattest.
Kannst du sie wiederbeleben und summen oder klopfen?
Bist du jemals sehr früh am Morgen aufgestanden, hast dich angezogen und bist nach draußen gegangen mit der Gewissheit, dass dort etwas ganz Bestimmtes auf dich wartet?
Ist es dir schon passiert, dass du durch eine Landschaft gefahren bist

oder an einem fremden Ort warst,

der dich tief und unbeschreiblich angerührt hat?

Ging dir jemals morgens beim Aufwachen ein Wort oder Satz durch den Sinn,

die nicht zu der Sprache gehören, die du sprichst oder kennst?

Weißt du diese Worte noch?

Erfahrungen wie diese haben Menschen in allen Kulturen dazu bewogen, Vorstellungen von Welten oder Reichen zu entwickeln, die jenseits der Alltagswelt liegen. Die Märchen, Mythen und Religionen der Völker geben Zeugnis von der Vielfalt, aber auch von der Ähnlichkeit der Erfahrungen, Deutungen und Schöpfungen.[101] Auf diese Weise wurden die Grenzerfahrungen der Menschen in eine Form gebracht, die als Kulturgut in das diesseitige Leben der Gemeinschaft eingefügt werden konnte.

Das gemeinsame Gut religiöser Ideen eröffnet Raum für persönliche transpersonale Erfahrungen. Es bietet Bilder, Formen und Sprache an, in die diese kaum fassbaren Erlebnisse gebracht werden können. Religiöses Gut stärkt den Zusammenhalt von Menschen, indem es den Austausch und die Identifikation der einzelnen Person mit der eigenen Gruppe und Kultur fördert. Wenn wir jedoch diese unsere Schöpfungen kleingläubig zum Dogma erheben und mit Schwert, Scheiterhaufen, Bomben oder Atomwaffen gegen »die Anderen« verteidigen, missverstehen wir ihre Funktion zutiefst. Initiativen wie Hans Küngs Weltethos-Stiftung bemühen sich angesichts religiöser Kleinstaaterei um die Vermittlung der allen Religionen gemeinsamen ethischen Grundprinzipien.[102] Dabei wendet sich Hans Küng vor allem auch an LehrerInnen. Die Stiftung hat umfangreiches Lehrmaterial für den Unterricht erstellt, das zum Teil über das Internet unter *www.schule-weltethos.de* zugänglich ist.

Auf der Suche nach Sinn

»Papa, als die Welt noch ganich angefangen hatte, was für'n Tag war da eigentlich?«[103] Kinder haben oft den philosophischen Blick. Sie stellen spielerisch Fragen, die *man* sich nicht stellt. Ihr Wahrnehmen und Denken geht damit über die Grundbedürfnisse hinaus, die Abraham Maslow 1943 in seiner Theo-

rie der menschlichen Bedürfnisse und Motivation vorgeschlagen und hierarchisch geordnet hat.[104] Dazu gehören die fünf Grundbedürfnisse nach:

- körperlicher Versorgung mit Luft, Wasser und Nahrung
- Sicherheit, Vertrauen, Verlässlichkeit, Ordnung
- Zugehörigkeit, Zuneigung, Freundschaft und Liebe
- Wertschätzung, Selbstrespekt, Respekt für andere, Unabhängigkeit und Freiheit
- Kreativität und Selbstverwirklichung

Sobald eines dieser Bedürfnisse einigermaßen befriedigt ist, regt sich das nächsthöhere, wobei das vorhergehende Bedürfnis weiter erhalten bleibt und auch weiter wirkt. Darüber hinaus sind Kinder und manche Erwachsene ein Leben lang vom Wunsch nach Wissen und Verstehen erfüllt. Einige Menschen haben zudem ein tiefes Bedürfnis nach Schönheit. Und viele streben noch über die Entfaltung ihrer persönlichen Potenziale hinaus in transpersonale Dimensionen. Nachdem Maslow auch darin menschliche Grundbedürfnisse erkannt hatte, erweiterte er Anfang der 1970er-Jahre seine sogenannte Bedürfnispyramide noch um die Stufen von

- Wissen und Verstehen
- ästhetischen Bedürfnissen
- Transzendenz[105]

Das »höchste« Bedürfnis, das offensichtlich auch und besonders Kinder bewegen kann, treibt dabei unsere philosophische Neugier oder religiöse Suche nach einer größeren Wahrheit und nach einem Sinn unserer Existenz. Dabei richtet sich der Blick auf Horizonte, die unser eigenes persönliches Sein übersteigen (lateinisch: trans = über, scandere = steigen).

══════ Der Sinn des Lebens ──────────

Stellst du dir diese Frage?
Bleibt dir über die Belange und Geschäftigkeiten des Alltags hinaus
noch Muße für die großen Fragen?

Siehst du einen Sinn im Leben der Menschen auf der Erde?
Glaubst du, wir haben als Menschheit eine Aufgabe zu erfüllen,
ein Ziel zu erreichen oder eine wichtige Wahrheit zu bezeugen?

Welche Rolle spielst du dabei?
Spürst du so etwas wie eine Bestimmung in deinem Leben oder eine Berufung?

Welche Melodie und welchen Text singt deine Stimme im großen Chor?
Was ist dein unverwechselbarer Beitrag zum Ganzen?
Warum lebst du heute, hier und jetzt,
so, wie du geworden bist und noch werden kannst?

Denkst du über solche Fragen nach?
Besprichst du sie mit jemandem?
Probier es aus. Frag mal deine Kinder oder deine Eltern.

Das Etymologische Wörterbuch des Deutschen führt das Wort »Sinn« auf die indoeuropäische Wurzel »*sent-*« zurück, die »gehen«, »eine Richtung nehmen«, aber auch »wahrnehmen«, »empfinden« bedeutet.[106] Sinn, sinnliche Wahrnehmung, Bewegung und Weg gehören also wohl im ursprünglichen Bedeutungssinn zusammen. Was nehmen wir auf unserem Weg sinnlich wahr? Woraus reimen wir uns unseren Sinn zusammen? Wie fügt sich aus der Vielzahl der Empfindungen, Wahrnehmungen und Erinnerungen ein sinnvolles Ganzes? In

Laotses *Tao Te King*, der taoistischen Weisheitsschrift, kann Tao, das höchste Prinzip, sowohl als »Weg« als auch als »Sinn« gelesen werden. So übersetzt Richard Wilhelm[107] z.B.

Man kann das Verhältnis des SINNS zur Welt vergleichen
mit den Bergbächen und Talwassern,
die sich in Ströme und Meere ergießen.

In der Übersetzung von Knospe und Bändli liest sich diese Stelle so[108]:

Der Weg ist wie ein Fluß:
er fließt zurück in seine Heimat,
er fließt zurück in den Ozean.

Der Lebenslauf von Sinn und Weg wird in beiden Varianten mit dem Fließen von Wasser verglichen. Ein guter Verlauf entspricht dann wohl dem natürlichen Fluss der Dinge und Erscheinungen. Hindernisse lenken dann zwar das Fließen, aber aufhalten oder unterdrücken können sie es nicht. Das Zurückfließen des Lebensweges zu seinem Ursprung ist ein Bild, das der Beobachtung natürlicher Kreisläufe entspringt. Ziel eines gelingenden Lebens wäre es nach diesem Verständnis, das voranschreitende Fließen zurück zum Ursprung nicht zu behindern. Wenn wir Lebensweg und -sinn so verstehen möchten, entstünde Leid dann weniger aus äußeren Umständen als durch unser Hadern mit dem, was ist, und durch die Widerstände, die wir gegen den Fluss aufrechterhalten.

Weitere Kreise

Der weite Kreis der integralen Perspektive

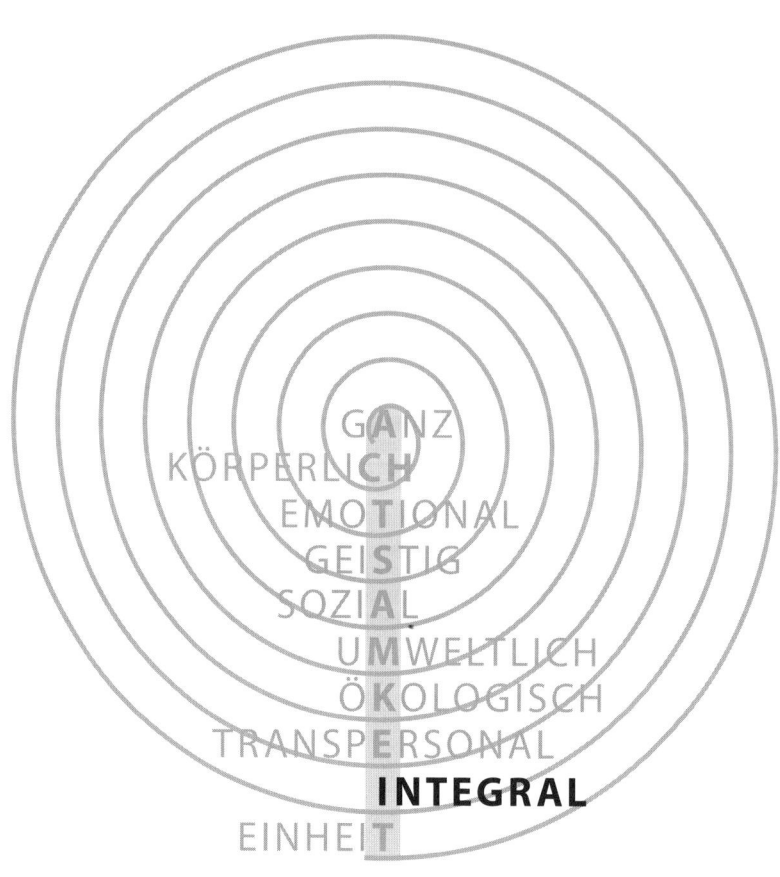

GANZ
KÖRPERLICH
EMOTIONAL
GEISTIG
SOZIAL
UMWELTLICH
ÖKOLOGISCH
TRANSPERSONAL
INTEGRAL
EINHEIT

Kinder und die Entdeckung des integralen Bewusstseins

Zu Beginn des Lebens ist uns die Welt eins und ganz. In den ersten Wochen und Monaten unseres Hierseins verkörpert die Mutter für uns Schutz, Nahrung und Trost. Unsere Welt wird ganz von dieser wichtigsten archetypischen Gestalt bestimmt. Aus dem mütterlichen Schutz heraus schauen wir mit wachsender Neugier und Freude in die Welt hinaus – in eine magische Welt der vielfältigen Erscheinungen. Diese Erscheinungen sind für das kleine Kind vorerst nicht durch das Verhältnis von Ursachen und Wirkungen zu unterscheiden. Alles geschieht dem Baby gleich, alles erscheint ihm miteinander in Gleichzeitigkeit verbunden. Später, mit der beginnenden Verwendung von Wörtern, lassen sich einzelne Personen und Gegenstände dann benennen und gleichsam in die sprachliche Ausdrucksform bannen. Damit geht dann auch das Wollen einher. »Nein« und »Ja« drücken deutlich aus, ob etwas in diesem Moment gewollt wird oder nicht. Mit der Entwicklung von Zu- und Abneigungen erwacht das Wünschen und das Verfolgen von Zielen. Aus der Gleichzeitigkeit der magischen Weltsicht entsteht so die zielgerichtete Abfolge von Handlungen zu aufeinanderfolgenden Zeitpunkten.

Damit wird Zeit erlebbar. Dies ist, wie der Philosoph Jean Gebser herausgearbeitet hat, charakteristisch für das mythische Bewusstsein.[109] Märchen und Geschichten werden dann für das kindliche Erleben bedeutsam. Wieder und wieder möchte das Kind die gleichen Geschichten hören. Jede Abweichung von der gehörten Abfolge der Geschehnisse wird bemerkt und korrigiert. Jetzt werden Ursache und Wirkung in Form von Handlungsfolgen vom selbstwollenden und handelnden Kind erlebt. Daraus entwickelt sich das Planen und Vorstellen. Es entwickelt sich das, was Gebser die mentale Struktur nennt. Mit der zunehmenden Differenziertheit der Sprache und der Vorstellung wächst der unterscheidende und messende Geist, der die rationale Stufe der Bewusstseinsentwicklung bestimmt. Das herangewachsene Kind hat jetzt Vorstellungen von richtig und falsch. Es fordert diese Werte auch ein und verteidigt sie. Ethische Fragen werden interessant, ebenso wie mathematische. Als fast erwachsenes Mitglied der Gesellschaft kann und muss das Kind nun abstrakt logische Operationen ausführen und orientiert sich an den Punktwerten, nach denen seine Leistungen in der Schule gemessen werden. Es vergleicht und misst sich mit anderen. Es hat ein Verständnis für den Wert von Geld entwickelt und für den Status, der mit Besitz einhergeht. In dieser rationalen Entwicklungsphase ist das Differenzieren, Bewerten und Vermessen der Wirklichkeit wichtig. Doch sobald das Messen maßlos geworden ist, wenn alles »quantitativ evaluiert« wird und »sich rechnen« muss, um existieren zu dürfen, führt der rationale Geist sich selbst ad absurdum.

Aus diesem Dilemma, so sah Jean Gebser es schon in den 1940er- und 1950er-Jahren, kann die integrale Sicht von der Welt und den Dingen heraushelfen. Denn diese lässt ab von der Aufrechnung »besserer« gegen »schlechtere« Sichten von der Welt. Es akzeptiert alle bisherigen Bewusstseinsqualitäten als gegeben, die archaisch undifferenzierte, leibseelisch spürende Ahnung des Kleinstkindes, das magisch-emotionale Erleben der Kinderzeit, die mythisch empfundene Erfahrung und Erzählung, die mit jugendlichen Träumereien, Fantasien und Visionen einhergeht sowie die rationale Vorstellung und Berechnung.

Diese aufeinanderfolgenden Phasen der Bewusstseinsentwicklung eines Menschen finden sich auch in der Entwicklung der Menschheit, wie Gebser zeigt. So werden auf der Schwelle vom rationalen zum integralen Bewusstsein für uns heute die Fähigkeiten von Toleranz, Akzeptanz und Wertschätzung immer bedeutsamer.

> Indem wir unsere Kinder begleiten und mit ihnen noch einmal leibhaftig spürend, emotional mitschwingend, träumend und hoffend sowie reflektierend, planend und abwägend durch die Phasen der Entwicklung gehen, eröffnet sich unserem Geist die Möglichkeit, bewusst nach außen und innen schauend in diesem Sein und Werden präsent und achtsam gegenwärtig zu sein. Damit laden uns die Kinder zu genau der Praxis ein, die unser Bewusstsein für den Schritt in die integrale Phase *not-wendig* braucht.

Schritt für Schritt

Beat ist schon fast zwei.
Seine Mutter hat ihm gestern einen Couchtisch
von Großmutters Dachboden geholt.
Sie ist besorgt. Entwickelt er sich normal?
Verglichen mit den anderen Kindern in seinem Alter
scheint er weit zurückgeblieben zu sein.
Er läuft noch nicht. Stattdessen rutscht er auf Knien durch die Wohnung.
An Großmutters Couchtisch kann er nun stehen, wenn er puzzelt oder malt.
Vielleicht bleibt er dann endlich auf seinen Füßen und beginnt zu laufen.

In den ersten Lebensjahren entwickeln sich Kinder weitgehend ähnlich. Daher sind wir versucht, sie mit ihren Altersgefährten zu vergleichen. Auch Beats Mutter tut dies und ist verunsichert. Ein Gedanke hilft ihr, wieder ruhiger zu werden. Die Natur, zu der auch unser Wachsen und Werden gehören, variiert gern. Die Bandbreite der Geschwindigkeiten und Rhythmen, mit denen Angehörige einer Art sich entwickeln, ist groß. Der Gedanke, dass Beat abnorm entwicklungsverzögert sei, ist zunächst erst einmal ein Gedanke. Wenn wir ihn unbesehen als wirklich und wahr missverstehen, und dazu neigen wir bei fast allen unseren Gedanken, leiden wir unter einer Idee, die möglicherweise nichts mit der Wirklichkeit außerhalb unseres Kopfes zu tun hat. Gedanken sind zunächst einmal immer Hervorbringungen unseres Geistes. Sie können uns jedoch zu Experimenten mit der Wirklichkeit einladen, mit denen wir ihren Wahrheitsgehalt prüfen. Zu den Produkten solcher Experimente, für deren Richtigkeit es umfangreiche und gut nachvollziehbare Evidenz gibt, gehören Modelle, die einzelne Bereiche der menschlichen Entwicklung beschreiben. Als Beispiele seien hier einige wenige genannt: Für den Bereich der Körper- und Sinnesentwicklung zählen dazu das Modell der Sensorischen Integration von Jean Ayres und das der psychomotorischen Entwicklung z.B. von Renate Zimmer. Erik Erickson hat ein Stufenmodell der psychosozialen und Jean Piaget eines der kognitiven Entwicklung erarbeitet. Robert Kegans Modell beschreibt Phasen der Entwicklung des Selbst und Lawrence Kohlberg solche der moralischen Entwicklung. Und Autoren wie Jean Gebser oder Ken Wilber beschreiben Stufen der Bewusstseinsentwicklung.

Eine Kenntnis der Entwicklungsmodelle erleichtert die Gestaltung von Lehr- und Lernprozessen, weil sie unsere eigenen Beobachtungen und Gedanken in einen Kontext stellt, der über einzelne Personen hinausreicht und eine klarere Sicht auf die vielen Facetten und das Zusammenspiel von Entwicklung ermöglicht.[110]

Beat steht an seinem Tisch und blättert in seinem Bilderbuch vom Bauernhof. Seine Mutter sieht ihre Sorge um seine Entwicklung etwas gelassener, seit sie weiß, dass es bei allen Entwicklungsprozessen immer einige Frühentwickler gibt, während sich die große Mehrzahl mit einer mittleren Geschwindigkeit bewegt und einige wenige sich mehr Zeit lassen.

Beat gehört in puncto Laufenlernen einfach zum langsamsten Viertel der Kinder. Kein Grund zur Sorge. Er geht seinen Weg in seiner Geschwindigkeit.

Kinder sind unsere »Meister«

Im Zusammensein mit Kindern sind wir direkt und ganz gefragt. Wir können dabei anders als im Kontakt mit Erwachsenen nicht erwarten, dass die gesellschaftlich vereinbarten Konventionen des rücksichtsvollen und höflichen Umgangs uns schützen. Es gehört zwar zu unseren Aufgaben, Kindern die aktuellen Spielregeln des Miteinanderlebens zu vermitteln, unser gemeinsames Leben mit den Kindern beruht jedoch nicht auf diesen Regeln. In diesem Sinn gleicht es einer spirituellen Ausbildung, in der uns der Meister jenseits der Konventionen mit all unseren Stärken und Schwächen wahrnimmt und uns in unserer Entwicklung so anregt und im besten Sinne verstört, wie es für uns in diesem Moment angemessen ist.

In zweifacher Hinsicht stellt das Leben mit Kindern jedoch eine weitaus größere Herausforderung dar. Erstens sind wir selbst darauf angewiesen, aus den Alltagssituationen heraus unsere Entwicklungsaufgaben wahrzunehmen, zu definieren und zu verfolgen. So bieten die Kinder uns unzählige Gelegenheiten, unsere Geduld, Wachheit und Klarheit *aus-zu-üben*. Zweitens sind wir immer wieder gefragt, unsere Fürsorgepflicht und Verantwortung für die Kinder und ihre Entwicklung wahrzunehmen und uns zugleich immer wieder selbst als Lernende zu empfinden, denen Entwicklungsimpulse und -aufgaben aus dem Zusammensein mit den Kindern erwachsen. Die Kinder sind unsere Meister und zugleich Schutzbefohlenen, genauso wie wir ihre Eltern oder Lehrer und zugleich ihre Schüler sind. Das kann sehr verwirrend sein. Im Trubel des Alltags schafft die Orientierung unseres Lebens in eine Richtung oder auf ein Ziel Klarheit. Die folgenden Fragen können dabei das Gewahrsein für die Kontinuität unseres Lebensweges nähren helfen.

WOHIN GEHT DEIN WEG?

Hast du ein Gefühl für die Richtung, in die du dich in deinem Leben entwickelst?
Gibt es Situationen oder Themen, die dich immer wieder an deine Grenzen bringen und dich zur Weiterentwicklung herausfordern?
Lässt dich das Zusammensein mit deinen Kindern oder Schülern wünschen, du könntest bestimmte Eigenschaften oder Fähigkeiten entwickeln oder kultivieren?
Wichtige Hinweise geben natürlich leidvolle Situationen,
wenn du dich als ungerecht, überheblich, egoistisch oder grausam erlebst.
Leid zu vermeiden und zu verringern ist ein wichtiges Ziel unserer Selbstentwicklung.
Doch auch die Förderung positiver Eigenschaften und Fähigkeiten sollten wir im Blick haben. Kannst du z.B. anderen und dir selbst Aufmerksamkeit, Zeit und Zuwendung schenken?
In welchem Bereich deines Seins hast du das Gefühl,
tiefe Einsichten oder bedeutsame Fähigkeiten erlangt zu haben?
Wie kannst du diese sinnvoll zum Ganzen hinzufügen?
Welche Herausforderungen möchtest du gern annehmen und meistern?

Haben Sie schon einmal überlegt, ein Logbuch Ihrer inneren Entwicklung anzulegen? Sie könnten darin die Richtung Ihrer gegenwärtigen Reise vermerken und wichtige Stationen und Erkenntnisse in Worte fassen. Sie könnten dies für Ihren eigenen Weg, aber auch für die Wege Ihrer Kinder tun. Welch ein wertvolles Geschenk könnte es sein, wenn Sie ihnen zu ihrem 16. Geburtstag oder am Ende ihrer Schulzeit ein Buch schenken, in dem Sie ihre bis dahin wichtigsten Schritte beschrieben haben, so, wie Sie sie erlebt haben. Sie eröffnen ihnen damit einen bedeutsamen Zugang zu sich selbst und gleichzeitig auch zu Ihnen und Ihrem Leben.

Innere Freundschaft

Vielleicht haben Sie das Glück, eine Partnerin, einen Partner, Freund oder Kollegen an Ihrer Seite zu haben, der wie Sie ihr Leben mit Kindern als Einladung und Herausforderung zur eigenen Entwicklung erlebt. Sie können sich dann auf Ihrem Weg unterstützen und sich dabei gegenseitig an die eigentlichen Themen erinnern, die schnell vom Alltagstrubel übertönt werden. Allein schon das Wissen, dass es Gleichgesinnte gibt, bestätigt und stärkt Sie.

Genauso wichtig wie solche äußeren Freunde und Weggefährten ist die Pflege einer liebevollen und unterstützenden Beziehung zu sich selbst. Das Bild der inneren Freundschaft ist dabei eng mit der Fähigkeit unseres Geistes verbunden, sich selbst wahrzunehmen und mit sich selbst in Beziehung zu treten. Diese Beziehung stellt sich ein, ob wir uns ihrer bewusst sind oder nicht. Als Selbstbild und Weltbezug bestimmt sie unser Lebensgefühl grundlegend. Vorbilder für die Qualität von Selbstbild und Selbstbeziehung sind die Beziehungen unserer Eltern, Geschwister, Freunde und Lehrer zu uns, als wir noch Kinder waren. Wurden wir in diesen frühen Beziehungen abgelehnt und abgewertet, haben wir damals Angst oder Gewalt erlebt, dann ist die Wahrscheinlichkeit groß, dass unsere Beziehung zu uns selbst von Selbstzweifeln, Ablehnung und Aggressivität oder Depression gekennzeichnet ist. Ebenso fundamental wirken unsere frühen Beziehungserfahrungen darauf, wie wir uns in der Welt erleben. Doch auch wenn unsere frühen Beziehungen sehr positiv gewesen sind und wir eine zugewandte und wertschätzende Beziehung zu uns und zu unserer Lebenswelt entwickelt haben, bleibt uns das meist unbewusst. So grundlegend, gewohnt und immerwährend vorhanden sind unser Lebensgefühl und unsere Beziehung zu uns, dass sie uns kaum als etwas Gewordenes und Veränderbares erscheinen. Nur wenn wir einen Blick auf uns selbst werfen können, der nicht von grundsätzlicher Ablehnung, Unsicherheit oder Selbstüberschätzung geprägt ist, kann die Qualität dieser unserer Grundhaltung zum Vorschein kommen.

Dies kann durch die Augen einer guten Freundin oder Therapeutin geschehen, der wir vertrauen, weil unsere Beziehung zu ihr auf bedingungsloser Akzeptanz beruht. Möglich ist aber auch, dass wir uns unserer Grundhaltung bewusst werden, indem wir unsere Kinder aufmerksam wahrnehmen. Dann gelingt es uns manchmal zu sehen, wie unsere eigene Struktur sich in ihrem Verhalten spiegelt. Doch das kann nur gelingen, wenn wir ihr Tun gelassen, d.h. nicht zu persönlich nehmen und dadurch nicht sofort in eine automatisierte Reaktion verfallen. Wenn die 14 Monate alte Charlotte z.B. aus Versehen unsanft vom Sofa rutscht, dann gibt ihre Reaktion mit großer Wahrscheinlichkeit auch Aufschluss über die Haltung ihrer Mutter zu solchen Missgeschicken. Denn bevor ein Kleinkind in solchen Situationen selbst reagiert, geht sein Blick meist erst zur Mutter oder zum Vater. Von ihrem Gesichtsausdruck liest es ab, wie dieser Fall zu bewerten ist. Blickt die Mutter erschrocken und voller Schuldbewusstsein oder wendet sie sich Charlotte anteilnehmend und gelassen zu? Ob das Kind seinen kleinen Sturz und die damit verbundene vorübergehende Missempfindung als »Unfall« bewertet und laut schreiend dramatisiert oder ob es sich das Knie reibt, die Mutter vielleicht einmal pusten lässt und dann wieder fröhlich zu ihr aufs Sofa klettert, richtet sich in den ersten Monaten des Lebens zum großen Teil nach der Reaktion der Mutter. Je älter Charlotte wird, desto mehr verinnerlicht sie dann eine eigene Grundhaltung.

Nehmen wir an, Charlottes Mutter reagiert erschrocken und wirft sich sofort selbst automatisch vor, eine unachtsame Mutter zu sein. Damit wiederholt sie vielleicht den Vorwurf, nichts zu taugen und nicht gut genug zu sein, der ihre Kindheit sehr bestimmte. Ihr Gesicht und Körper drücken in diesem Moment einen Schreck und das Gefühl aus, dass etwas Schlimmes passiert ist. Und Charlotte fängt an zu weinen. Dies kann ihre Mutter zum Anlass nehmen, ihre innere Freundin auf den Plan zu rufen. Während sie sich ihrer Tochter tröstend zuwendet, wendet sie sich dabei auch ihrer eigenen Verletztheit zu. Sie hält die Tochter liebevoll, akzeptiert ihren Schreck und Schmerz und hält zugleich auch das verletzte Kind in sich. Dabei spürt sie, wie ihre Muskeln in Schultern, Hals und Kopf sich entspannen. Sie atmet erleichtert aus und die hochgeschlagenen Wogen der Gefühle glätten sich. Dabei beruhigt sich auch Charlotte.

> Sich immer wieder der eigenen Verletztheit, Aggressivität oder Niedergeschlagenheit zuzuwenden, immer wieder die Ängste, Selbstzweifel oder den brennenden Ehrgeiz achtsam und liebevoll als etwas Gewordenes wahrzunehmen und sein zu lassen, das ist der Weg der inneren Freundschaft.

Damit heben wir die Qualität unserer Beziehung zu uns selbst ins Bewusstsein. Und nur wenn uns diese Beziehung bewusst ist, sind wir in der Lage, sie zu verstehen, Sinn darin zu finden und sie zu gestalten. Das Bild der inneren Freundschaft lässt sich dabei als Metapher für eine zugewandte, wertschätzende und ermutigende Selbstbeziehung verstehen, die wir wie eine äußere Freundschaft bewusst wählen und kultivieren können. Um sie wahrzunehmen, braucht es viel Geduld und Übung. Inmitten des Alltagsgeschehens fällt es oft schwer, die geistige Gegenwärtigkeit aufzurufen, derer dies bedarf. Eine wunderbare Möglichkeit zur Kultivierung der inneren Freundschaft außerhalb des Stroms der Anforderungen ist das Sitzen in Stille (siehe S. 27f.). Wenn Sie Lust haben, nehmen Sie das Bild der liebevollen und Sie bedingungslos akzeptierenden inneren Freundschaft in Ihrer Vorstellung dazu.

===== STILLES SITZEN IN INNERER FREUNDSCHAFT ——————

Schaffe dir einen Raum, in dem dich eine halbe Stunde niemand stört.
Setze dich in einer Haltung hin, die Würde und Selbstständigkeit ausdrückt.

Richte dich auf deinem Sitz ein.
Vielleicht magst du die Stillezeit mit einer Geste oder einem Ton beginnen lassen.
Dein Blick wendet sich dann nach innen.
Du nimmst deinen Körper und den Körperraum wahr.
Dein Atem bewegt den ganzen Körper sanft.
Jeder Einatemzug ist mit einer Bewegung verbunden und jeder Ausatemzug auch.
Du begleitest den Rhythmus dieser Bewegungen mit deiner Aufmerksamkeit.

Der Atem fließt und du begleitest dieses Fließen.
Atemzug für Atemzug.

Sobald du bemerkst, dass dein Geist Gedanken erzeugt, und dass deine Aufmerksam-
keit sich diesen Gedanken zuwendet, nimmst du dies aus der liebevoll zugewandten
Perspektive der inneren Freundschaft wahr.

Schau diesen aktuellen Gedanken mit freundlichen Augen an.
Und lass ihn sein.
Er tritt dann langsam in den Hintergrund deiner Wahrnehmung,
wenn du die Aufmerksamkeit zum Atem und zum Körper zurücklenkst.

Wieder und wieder begleitest du das Entstehen eines Gedankens.
Du bemerkst, wie deine Aufmerksamkeit dazu tendiert,
den entstandenen Gedanken fortzuführen und weiterzudenken.
Dein Geist möchte die Gedanken mit Aufmerksamkeit füttern.
Dabei tendiert er dazu, alte Bewertungsmuster und Haltungen einzunehmen.
Wenn du die Aufmerksamkeit offen hältst,
indem du die Gewohnheit zurückhältst oder suspendierst,
die die Aufmerksamkeit in die Gedankeninhalte verstricken möchte,
kannst du dich der Aufrechterhaltung der freundlichen Zugewandtheit widmen.

Wieder und wieder führst du deine Aufmerksamkeit sanft,
aber bestimmt zurück zum Atem
und zum gegenwärtigen Gewahrsein.
Damit öffnest du den Wahrnehmungsraum für das,
was als nächstes darin erscheint.

Das kann eine Körperwahrnehmung sein, ein Geräusch, ein inneres Bild,
ein nächster Gedanke oder auch ein Gefühl.
Lade alles ein in den Raum deiner Wahrnehmung.
Begegne allem als ein freundlicher Gastgeber,
zugewandt, aufmerksam, wach und ohne Besitzansprüche.

Du musst nichts abwerten, nichts bekämpfen oder verteidigen.
Du gibst allem Raum.
Du verkörperst Gastfreundschaft.
Deine körperliche, emotionale und gedankliche Haltung ist sicher,
würdevoll und verlässlich.

Du spürst den Boden, der dich trägt.
Aus dieser Sicherheit heraus bist du zugewandt, offen und schwingungsfähig.

Vielleicht magst du für die letzten Minuten dieses Sitzens eine Metta-Meditation der
liebevollen Güte anschließen, bei der du dir selbst und anderen Freundlichkeit,
Frieden und Glück wünschst.

Bevor du die Meditation beendest,
kannst du dich zu deiner inneren Freundschaft beglückwünschen.
Beende das Sitzen mit einem simplen Ritual.

Die Kultivierung der inneren Freundschaft führt zu einer zunehmenden Transparenz für uns selbst. Je vertrauter wir mit den Gewohnheiten und Strukturen unseres Gewordenseins sind, desto durchscheinender werden die Dimensionen unseres Lebens, die sich wie Schalen um unseren Wesenskern legen. Dazu gehören die sinnlich-leibhaftige Schale, die Sphären der Gefühle und Gedanken, unsere Gewohnheiten, die Umgangs- und Beziehungsformen sowie die Beziehungsinhalte, die wir pflegen, unser Sein und Agieren in der Lebens- und Umwelt sowie unsere Bezogenheit zum, vom und im Ganzen.

WEITERE KREISE

Der offene Kreis – Einssein mit allem

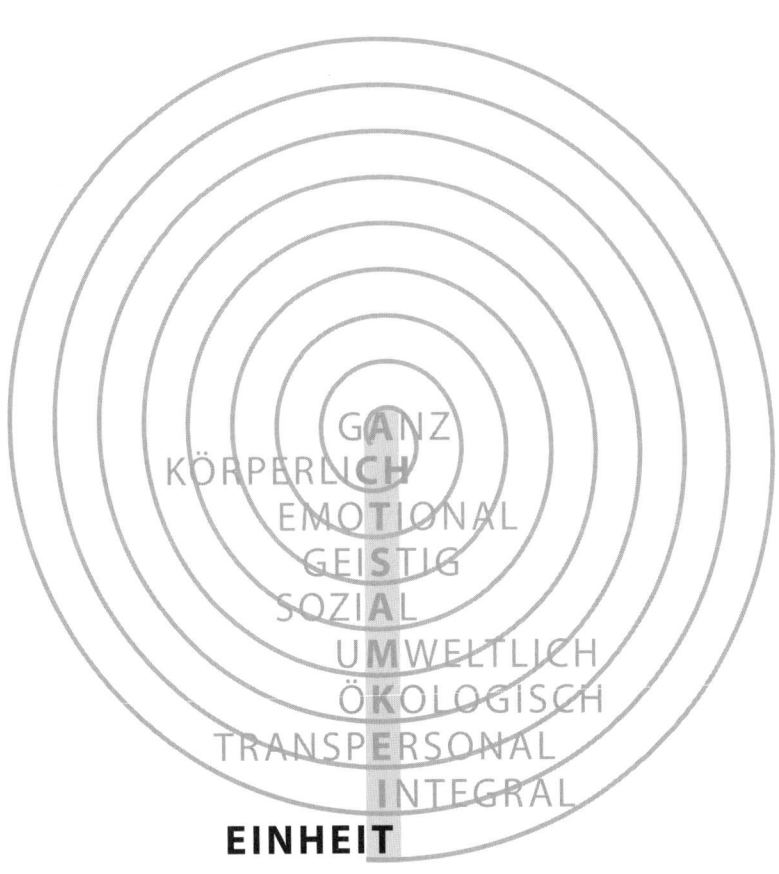

Innere Glasnost, Kindergarten und Schule

Wir sind eingeladen, an der Kindlichkeit unserer Kinder teilzuhaben. Das heißt nicht, dass wir selbst kindisch sein sollen. Die Kinder erschließen sich Tag für Tag ihre Welt, die für sie neu und voller Geheimnisse ist. Es ist dies eine zauberhafte Welt, die zum verweilenden Betrachten und zum Staunen einlädt. Für Kinder hat die sich in diesen Augenblicken einstellende Gegenwärtigkeit ursprüngliche Bedeutung, denn in diesen Momenten sind sie ganz eins mit sich und der Welt. Dann leuchtet das Licht der Gegenwärtigkeit in ihnen auf, ohne dass sie sich dessen bewusst sein könnten. Dies ist Teil ihrer Ganzheit. Wenn wir Erwachsenen uns von der Gegenwärtigkeit der Kinder berühren und inspirieren lassen, können wir in ein ähnliches, aber bewusstes Gewahrsein eintreten, das die Kraft hat, unser Gewordensein von der Gegenwart bis zurück zum Ursprung durchscheinen zu lassen. Dabei erhellen sich die Kreise unseres Seins im durchscheinenden Licht der Gegenwärtigkeit.

Wenn wir den Vergleich zwischen dem Führen unseres Lebens und der Führung eines Staates zulassen, ähnelt unser Transparentwerden nach innen dem Prozess, den Michail Gorbatschow ab Mitte der 1980er-Jahre für die bis dahin hermetische Staatsführung der Sowjetunion in Gang setzte. Sein Anliegen war es dabei, die Prozesse der Entscheidungsfindung der Regierung so transparent werden zu lassen, dass eine demokratische Mitbestimmung der BürgerInnen möglich geworden wäre. Innere Transparenz und Gegenwärtigkeit beleuchten den Weg, den die nach Wahrheit und Befreiung Suchenden aller Zeiten und Kulturen gegangen sind. Im 12. Jahrhundert weist der Dominikaner Meister Eckhart diesen Weg, wenn er sagt:[111]

> Die Leute sagen oft zu mir: Betet für mich.
> Dabei muss ich denken: Warum wendet ihr euch nach außen?
> Warum bleibt ihr nicht in euch selbst und greift in euer eigenes Gut?
> Ihr tragt doch alle Wahrheit wesenhaft in euch!

Im 15. Jahrhundert sagt der von muslimischen, hinduistischen und sufistischen Ideen beeinflusste indische Dichter Kabir über den Schatz im Innern:[112]

In uns lebt ein geheimes Wesen.
Die Planeten aller Galaxien
Fließen durch seine Hand wie Perlen.
Schauen wir uns diese Perlenschnur an
Mit leuchtenden Augen.

Der zeitgenössische amerikanische Psychotherapeut und Meditationsforscher Dan Siegel sieht den Weg zur inneren Klarheit als einen Weg der Heilung:[113]

Die Integration des Bewusstseins erlaubt es uns, Frieden inner-
halb des Chaos zu finden, indem wir die Nabe des Geistes
entwickeln. An jenem weiten Ort der Reflextion kann die Heilung
beginnen, indem wir dahin gelangen, tief die Fülle unseres Lebens
zu spüren, aus der Vergangenheit und im gegenwärtigen Moment,
der uns für die Zukunft befreit.

Wie es sich anfühlt, wenn wir innere Glasnost verwirklicht haben und der im Innern verborgene Schatz im Licht unserer Gegenwärtigkeit leuchtet, liest sich bei dem japanischen Philosophen und Zen-Autor Daisetz Teitaro Suzuki so:[114]

Alle deine geistigen Kräfte wirken in einem neuen Grundton,
beglückender, friedvoller, freudiger als je zuvor.
Die Tonart des Lebens ist geändert...
Die Frühlingsblumen lachen heiterer,
der Bergstrom rinnt kühler und klarer zu Tal.

Momente, in denen solche Klarheit zum Durchscheinen kommt, lassen sich als Gipfelerlebnisse[115] oder als FLOW-Erfahrungen[116] bezeichnen. Je mehr es uns gelingt, die ihnen zugrunde liegende Qualität der achtsamen Gegenwärtigkeit in unserem Leben zu verwirklichen, desto eher kann aus Glücksmomenten ein glückliches Leben erwachsen. Und wenn wir als Kinder oft Gelegenheit hatten, in die Gegenwärtigkeit eintreten zu können, dann fällt später, wenn wir als Erwachsene den Entwicklungsschritt zum integralen Bewusstsein gehen können, das Anknüpfen daran leichter. Eine lebendig-bewegte, glückliche Kindheit voller Spielräume, Zuneigung, Liebe und Klarheit nährt in uns die

Stärke und Zuversicht, die es uns als Erwachsenen erleichtert, die Kraft der inneren Transparenz und Bewusstheit zu entfalten.

Es liegt an uns, die Welt der Kinder achtsam so mitzugestalten, dass das Licht ihres natürlichen Gewahrseins strahlen kann und die Welt im Innern und im Äußeren erhellt. Geben wir ihnen Raum für Momente des Verweilens und Staunens. Erhalten und schaffen wir Lebensräume, in denen sie in ihrem eigenen Rhythmus schwingen können. Sorgen wir für Inseln der Entschleunigung, wo Raum und Muße ist für liebevolle Beziehungen und Schönheit. Ermutigen wir die Kinder zu freudvoll entdeckendem und selbstbestimmtem Lernen. Unterhaltung, Werbung, Krach und Geschwindigkeit dürfen dabei auch ihren Platz haben und genossen werden, wir wollen aber die Fähigkeiten der Kinder stärken, sie immer wieder auch abwählen und abstellen zu können.

Wir sind die Verbindung der Kinder zu den Errungenschaften aus Kunst, Kultur und Wissenschaft. Wir vermitteln ihnen die Regeln des Zusammenlebens und die Haltung zu sich selbst. Wir leben ihnen vor, wie Partnerschaft, Liebesbeziehungen und Familie gestaltet werden können. Wir treffen in ihren ersten Jahren alle Konsumentscheidungen und zeigen, wie Menschen ihrer Verantwortung für den Erhalt der natürlichen Schönheit und Ressourcen gerecht werden. Und wir können sie in philosophische, religiöse und spirituelle Traditionen einführen.

> Lassen wir das Wissen um den Zauber und die Verletzlichkeit unseres Seins durch unser Leben hindurchscheinen. Jeden Tag können wir uns für die Kultivierung einer inneren Glasnost einsetzen, die das Eigentliche durch die Erscheinungen des Alltags hindurch leuchten lässt. Unsere Kinder zu Hause, in den Kindertagesstätten, den Schulen und Universitäten verkörpern es. Halten wir unsere Augen, Herzen und Hände offen dafür.

Wir sollten es dabei nicht dem törichten Gärtner gleichtun, der täglich durch seine Beete geht und an den jungen Pflanzen zieht. Er erntet nichts als schlaffe Pflänzchen ohne Saft und Leben. Sorgen wir stattdessen für guten Boden, Wasser, Luft und Licht. Wachstum und Bildung geschehen dann aus sich heraus. Lassen wir das »Er-ziehen« sein und sorgen an seiner Stelle für die richtigen »Ent-wicklungs-bedingungen«. Begleiten und bestätigen wir die Kinder auf ihrem Weg so liebevoll, klar und ehrlich, wie wir können. Bleiben wir »dran« an der Kultivierung von Transparenz nach innen, indem wir uns selbst auf der Spur bleiben und versuchen, unseren eigenen Ansprüchen gerecht zu werden. Lassen wir das Leben zur Schule werden und bringen wir Leben in die Schulen, wie Rilke es wollte:[117]

Alles Wissen, das die Schule zu vergeben hat, müsste herzlich und groß gegeben sein, ohne Beschränkung und Vorbehalt, absichtslos und von einem ergriffenen Menschen. Da müssten alle Fächer vom Leben handeln, als von einem Gegenstand, der mit allen anderen gemeint ist.

Verstehen ohne Worte

Groß war die Menge der Wissbegierigen, die zusammengekommen war, um den berühmten Lehrer sprechen zu hören. Hoch waren ihre Erwartungen an seinen Vortrag, hatte es doch in den Ankündigungen geheißen, dass er zum ersten und vielleicht einzigen Mal die tiefste und bedeutsamste seiner Erkenntnisse öffentlich preisgeben wolle. Und nun war es so weit. Der große Lehrer saß hoch erhoben auf einer Bühne wie auf einem Thron der Weisheit. Rings um ihn standen die Menschen dicht an dicht. Noch herrschte Unruhe in der raunenden Menge. Dann richteten sich alle Augen auf ihn und es wurde still. Gleich würde er sprechen. Jetzt hob er die Hand und ergriff eine der Blumen, die neben ihm in der Vase standen. Er zog die Blume heraus und hielt sie – wie im Spiel – der wartenden Menge der Schüler wortlos entgegen.

Was sollte das heißen? Blume, Blume – und weiter? War das ein Scherz? Waren sie dafür von weit her gereist? Die Wartenden schauten mit gerunzelten Stirnen zum Lehrer, fragend die einen, schon zornig andere. Und der Meister – schwieg.

Ist diese Episode ein Beispiel für erfolgreiches Lehren und Lernen? Die Schüler hatten außer Unverständnis und Frustration kein Lernergebnis erreicht. Oder? Aber die Geschichte geht noch weiter.

Es gab da nämlich einen Schüler, für den lag die Sache anders. Sein Name war Kasyapa und er hatte verstanden. Bei ihm war die Botschaft des Lehrers angekommen. Und es war eine tiefe, bedeutsame Botschaft, die ihn ergriff und die ihn ganz erfüllte. Die Erkenntnis machte ihn so froh, dass sein Gesicht von einem Lächeln erstrahlte, als der suchende Blick des Meisters auf ihm ruhte. Lehrer und Schüler schauten sich eine Weile an und wussten beide, dass sie eine tiefe Erkenntnis verband.

In dieser Verbindung geschah etwas, das in vielen Lehrtraditionen »Übertragung« genannt wird. Gemeint ist die Übertragung eines Schatzes vom Lehrer auf den Schüler. Es ist dies eine Weitergabe zwischen zwei Menschen, die dadurch auf immer tief verbunden sind; und es ist zugleich die Übertragung eines wertvollen ererbten Schatzes vom Vertreter einer Generation auf einen Vertreter oder eine Vertreterin der nachfolgenden. Durch diese Übertragung im Moment der gemeinsamen Präsenz ging – und geht in manchen Schulen noch heute – die Befugnis zum Lehren auf den Schüler über.

GEMEINSAME GEGENWART

Experimentiere damit, dich hin und wieder der Präsenz eines anderen Menschen mit ungeteilter Aufmerksamkeit zu öffnen.
Das kann ein Kind sein oder ein Erwachsener.
Lass dich ein in eure gemeinsame Gegenwart.
Lass für eine Weile deine Erwartungen, Aufträge und Disziplinierungen beiseite und sei einfach nur da.
Lass die Gedanken, Bewertungen und den inneren Monolog in deinem Geist sanft in den Hintergrund treten.
Überlasse dich der gemeinsamen Gegenwärtigkeit mit der anderen Person.
Sei anwesend und wach für euer Miteinander, für euer Eins-Sein in diesem Moment.

Momente solch ungeteilter Aufmerksamkeit sind das größte Geschenk,
das du einem Kind machen kannst.
Zugleich sind sie wunderbare Geschenke an dich selbst und die Welt.

ANHANG

Die Erd-Charta für Kinder

Wir leben in einer wichtigen Zeit der Erdgeschichte. Jeden Tag rücken wir Menschen auf der Welt ein Stück näher zusammen. Alle Menschen dieser Erde müssen sich zusammenschließen, um unsere Zukunft zu bestimmen: unsere Umwelt zu schützen, die Menschenrechte zu achten und so eine Welt zu schaffen, in der alle in Frieden und Gerechtigkeit zusammenleben können. Wir haben die Verantwortung, das Leben zu schützen, jetzt und in der Zukunft.

Die Erde ist unser Zuhause: Die Erde ist nur ein kleiner Teil des riesigen Weltalls, in dem wir leben.
Die Erde selbst ist voller Leben, mit einer Vielzahl von Pflanzen, Tieren und Menschen. Zum Überleben brauchen wir Menschen die Erde, das Wasser, die Luft, die Pflanzen und die Tiere. Daher ist es unsere Pflicht, sorgsam mit dem Leben auf der Erde umzugehen.

Die Situation auf der Welt: Die Art, wie wir heute leben, schadet der Umwelt. Durch die Herstellung und den Verbrauch von Gütern plündern wir die Vorräte der Erde an Wasser, Luft, Wäldern und Boden und gefährden das Leben von vielen Pflanzen- und Tierarten. An vielen Orten auf der Welt gibt es Ungerechtigkeit, Kriege, Menschen, die hungern oder krank sind, aber keinen Arzt bezahlen können.

Was können wir tun? Wir Menschen haben es in der Hand: Wir können ab sofort beginnen mit kleinen und großen Veränderungen in unserem Leben, um gemeinsam eine bessere Zukunft aufzubauen. Die Erd-Charta zeigt uns einen solchen Weg.

Wir sind alle verantwortlich. Um etwas auf unserer Welt verändern zu können, müssen wir Verantwortung für unsere Handlungen tragen, denn alles, was wir tun, wirkt sich aus auf alles, was lebt. Mit anderen Worten: Auf unserer Erde ist alles miteinander vernetzt. Wir müssen uns genau überlegen, wie wir mit den Flüssen, Wäldern, dem Klima umgehen und wie wir Pflanzen und Tiere schützen können. Wir müssen uns darüber Gedanken machen, wie wir andere Leute behandeln. Wenn wir mit all dem anfangen, ist das der erste Schritt für eine bessere Zukunft für alle Menschen und alles Leben auf der Erde.

Achtung vor dem Leben, Schutz für alle Lebewesen
1. Achte unsere Erde und alles, was lebt: Menschen, Tiere und Pflanzen .
a. Jedes Lebewesen hat seine ganz bestimmte Bedeutung und alle hängen voneinander ab.
b. Jeder Mensch ist einmalig und wichtig,
egal welchen Glauben oder welche Kleidung er hat.

2. Sorge dich mit Verständnis, Leidenschaft und Liebe um alle lebenden Dinge
a. Nutze die natürlichen Lebensgrundlagen klug und passe auf, dass du der Erde keinen Schaden zufügst.
b. Schütze die Rechte der Menschen und akzeptiere ihre Verschiedenheit.

3. Finde dich mit Leuten zusammen, die gerecht handeln, andere gleichberechtigt behandeln und friedlich zusammenarbeiten

a. Jeder Mensch hat das Recht, frei zu sein und das Recht, sich auszusuchen, was er werden will.

b. Hilf mit, dass wir in einer sicheren, friedlichen und gerechten Gemeinschaft leben können.

4. Hilf mit, die Schönheit der Erde heute und für die Zukunft zu sichern

a. Handle jetzt verantwortungsvoll, die Kinder nach dir werden es dir danken.

b. Erzähle anderen Kindern von dem, was du über die Erde weißt. Es wäre schön, wenn der Kreis der »Erdbeschützer« immer größer würde.

© Erd-Charta
Ökumenische Initiative Eine Welt
www.erdcharta.de

Die deutsche Vertretung der internationalen Erd-Charta-Initiative arbeitet an der Verbreitung der Erd-Charta.
Jeder, der mag, kann diese dort auch unterzeichnen.

Adressen

Dr. Nils Altner
Klinik für Naturheilkunde, Kliniken Essen-Mitte
Am Deimelsberg 34a
45476 Essen
nils.altner@uni-due.de
www.achtsamkeit.de

Campus Klarenthal gemeinnützige GmbH
Ein neuartiges Bildungsprojekt mit Kindergarten, Schulen,
einem Theater und viel Natur
Am Kloster Klarenthal 7
65195 Wiesbaden
Tel.: 06 11 / 58 99 17
peter.rollmann@campus-klarenthal.com
www.campus-klarenthal.com

Erdcharta-Ökumenische Initiative Eine Welt
Mittelstraße 4
34474 Diemelstadt-Wethen
Tel.: 0 56 94/ 14 17
info@oeiew.de
www.erdcharta.de

Franz-Sales-Werkstätten GmbH
Landauer Schulmöbel
Dahlhauser Straße 239
45279 Essen
Tel.: 02 01 / 85 36 - 420
Fax: 02 01 / 85 36 - 460
landauer@franz-sales-haus.de
www.franz-sales-werkstaetten.de

Helene-Lange-Schule
UNESCO-Projekt-Schule, Versuchsschule des Landes Hessen
Langenbeckstraße 6–18
65189 Wiesbaden
Tel.: 06 11 / 31 36 70
info@helene-lange-schule.de
http://helene-lange-schule.de

Institut für Achtsamkeit und Stressbewältigung
Aus- und Weiterbildungen in achtsamkeitsbasierten Methoden
Kirchstraße 45
50181 Bedburg
Tel.: 0172 21 86 681
MBSR2002@aol.com
www.institut-fuer-achtsamkeit.de

Laborschule Bielefeld, Versuchsschule des Landes NRW
Universitätsstraße 21
33615 Bielefeld
Tel.: 05 21 / 1 06 69 90
info@laborschule.de
www.uni-bielefeld.de/LS/

Stiftung Weltethos
Waldhäuser Straße 23
72076 Tübingen
Tel.: 0 70 71 / 6 26 46
office@weltethos.org
www.weltethos.org

UN-Dekade »Bildung für nachhaltige Entwicklung«
Deutsche UNESCO-Kommission
Langwartweg 72
53129 Bonn
Tel.: 02 28 / 68 84 44 - 20
www.bne-portal.de

Anmerkungen

Das Ganze – Lernen, Achtsamkeit und die Kreise des Lebens

1 Otto, J.: Schulabbrecher. In: *DIE ZEIT*, Nr. 45. 31.10.07, S. 79

2 Rumpf, H./Kranich, E.-M. (2000). *Welche Art von Wissen braucht der Lehrer? Ein Einspruch gegen landläufige Praxis*. Stuttgart: Klett-Cotta.

3 Bauer, J. (2004). *Die Freiburger Schulstudie*. http://www.psychothera-pie-prof-bauer.de/Schulstudie%20Freiburg%20Kurzfassung.doc, Zugriff: 15.03.2007.

4 In einer im Auftrag der UNICEF durchgeführten Studie zu den Lebensbe-dingungen der Kinder in 24 wohlhabenden Ländern belegt Deutschland bei der Frage an Teenager »Wie oft sprechen deine Eltern einfach so mit dir?« den letzten Platz: *An overview over child well-being in rich countries*. (2007). Florence: Innocenti Research Center, S. 25, http://www.unicef-irc.org/publications/pdf/rc7_eng.pdf, Zugriff: 08.01.2008.

5 Gardner, H. (2002). *Intelligenzen. Die Vielfalt des menschlichen Geistes*. Stuttgart: Klett-Cotta.

6 Bergmann, F. (2004). *Neue Arbeit. Neue Kultur*. Freiamt: Arbor Verlag.

7 Kabat-Zinn, J. (1995). *Heilsame Umwege. Meditative Achtsamkeit und Gesundung*. München: Piper. Heidenreich, T. & Michalak, J. (Hrsg.) (2004). *Achtsamkeit und Akzeptanz in der Psychotherapie*. Tübingen: dgvt-Verlag. Anderssen-Reuster, U. (Hrsg.) (2007). *Achtsamkeit in der Psychotherapie und Psychosomatik: Haltung und Methode*. Stuttgart: Schattauer.

8 Kabat-Zinn, J. (2005). *Coming to our senses*. New York: Hyperion, S. 85.

9 Antonovsky, A. (1997). *Salutogenese: Zur Entmystifizierung von Gesund-heit*. Tübingen: dgvt-Verlag.

10 Foucault, M. (1977). *Überwachen und Strafen*. Frankfurt a.M.: Suhr-kamp.

11 Siehe dazu z.B.: Servan-Schreiber, D. (2004). *Die neue Medizin der Emotionen*. München: Goldmann.

12 Klinik für Naturheilkunde und Integrative Medizin der Kliniken Essen-Mitte.

13 www.actsofkindness.org, www.randomactsofkindness.org, http://www.theraokgroup.com

14 Hölderlin, F. (1797). *Hyperion oder der Eremit in Griechenland.* http://gutenberg.spiegel.de/?id=5&xid=1209&kapitel=5&cHash=48c cde45662, Zugriff: 20.01.2008.

15 Rilke, R. M. (1945). *Das Stundenbuch.* Leipzig: Insel Verlag, S. 7.

Die Welt in uns – Im Kreis des Körpers

16 Hüther, G. (2007). *Brainwash: Einführung in die Neurobiologie für Pädagogen, Therapeuten und Lehrer.* DVD. Müllheim: Auditorium Netzwerk.

17 Landau, G. (Hrsg.) (1998). *Das mobile Klassenzimmer. Projektbericht.* Uni Essen/AOK.

18 Zimmer, R. (2002). *Schafft die Stühle ab!* Freiburg: Herder.

19 Riegel, E. (2004). *Schule kann gelingen.* Frankfurt a.M.: Fischer.

20 Thurn, S./Tillmann, K.-J. (Hrsg.) (2005). *Laborschule – Modell für die Schule der Zukunft.* Bad Heilbrunn: Klinkhardt.

21 www.campus-klarenthal.com

22 Ritteser, M./Wagner, B./Stroh, S./Häberle, S. (2006). *Die tägliche Bewegungszeit in der Schule: Untersuchung der Wirkung von Bewegung auf Lernen.* Ulm: Transferzentrum für Neurowissenschaften und Lernen. www.znl-ulm.de/html/forschungsprojekte.html, Zugriff: 22.11.06.

23 Augenstein, S. (2003). *Yoga und Konzentration. Theoretische Überlegungen und empirische Untersuchungsergebnisse.* Immenhausen: Prolog-Verlag.
Becker, M. (2000). *Qigongunterricht für Schulkinder. Eine kontrollierte Pilotstudie zur Evaluation von Durchführbarkeit und Nutzen.* Dissertation. Med. Fakultät Charité der Humboldt-Universität zu Berlin.
Goldstein, N. (2002). *Körperzentrierte Übungen des klassischen Hatha-Yogas als Therapiekonzept bei Kindern mit expansiven Störungen.* Dissertation. Päd. Hochschule Heidelberg.
Stück, M. (1998). *Entspannungstraining mit Yogaelementen in der Schule.* Donauwörth: Auer.
Eine detaillierte Zusammenfassung dieser Studien findet sich in: Altner, N. (2006). *Achtsamkeit und Gesundheit.* Immenhausen: Prolog-Verlag, S. 216–240.

24 Hahn, A./Jerusalem, M. (2001). Internetsucht: Jugendliche gefangen im Netz. In: Raitel, J. (Hrsg.) (2001). *Risikoverhaltensweisen Jugendlicher. Erklärungen, Formen und Prävention.* Opladen: Leske + Budrich.

25 Rohrs, M./P. Ebinger (1999). *Verwildert ist nicht gleich wild*: Die Hirnge-wichte verwilderter Haussäugetiere. In: Berl. Münch. Tierärztl. Wochen-schr. 112(6-7): 234-8.

26 Hardy Tasso berichtet über Forschungsergebnisse des Münchner Experi-mental-Psychologen Henner Ertel. In: *Der Schlaraffenland-Effekt.* (1999). Köln: WDR 3 Sendemanuskript Kultur und Wissenschaft.

27 Adorno, T. W. (1970). *Erziehung zur Mündigkeit.* Frankfurt a.M.: Suhr-kamp, S. 119.

28 Feldenkrais, M. (1990). *Die Feldenkraismethode in Aktion.* Paderborn: Junfermann, S. 35.

Die Welt in uns – Der Kreis der Emotionen

29 Carr, L., M. Iacoboni, et al. (2003). *Neural mechanisms of empathy in humans: a relay from neural systems for imitation to limbic areas.* Proc Natl Acad Sci U S A 100(9): 5497-502.

30 Vgl. Goodman, Trudy: Working with Children. In: Germer, C./Siegel, D./ Fulton, P. (Hrsg.): *Mindfulness and Psychotherapy.* New York & London: Guilford Press, 2005.

31 Warren, J. E./Sauter, D. A. et al. (2006). Positive emotions preferentially engage an auditory-motor »mirror« system. In: *J Neurosci* 26(50): 13067-75.

32 Lowen, A. (1980). *Bio-Energetik. Therapie der Seele durch Arbeit mit dem Körper.* Reinbek: Rowohlt.

33 Lao Tse. (1985). *Tao te King.* Zürich: Diogenes, Vers 76.

34 Moreno, J. L. (2008). *Psychodrama.* Stuttgart: Thieme, 6. Auflage. Aichinger, A./Holl, W. (2002). *Kinder-Psychodrama.* Ostfilden: Matthias-Grünewald-Verlag.

35 Kabat-Zinn, J. (1995). *Heilsame Umwege. Meditative Achtsamkeit und Gesundung.* München: Piper.

36 Thoreau, H. D.: *Walden and civil disobedience.* New York: The new American Library, 1960, S. 79.

37 Kabat-Zinn, J. (1995). *Heilsame Umwege. Meditative Achtsamkeit und Gesundung.* München: Piper, S. 35.

Die Welt in uns – Der Kreis des Geistes

38 Zit. nach Crary, J. (2002). *Aufmerksamkeit. Wahrnehmung und moderne Kultur.* Frankfurt a.M.: Suhrkamp, S. 57.

39 Hüther, G. (2007). *Brainwash: Einführung in die Neurobiologie für Pädagogen, Therapeuten und Lehrer.* DVD. Müllheim: Auditorium Netzwerk.

40 Calaprice, A. (Hrsg.) (1997). *Einstein sagt.* München & Zürich: Piper Verlag, S. 216.

41 Zit. nach Rumpf, H./Kranich, E-M. (2000). *Welche Art von Wissen braucht der Lehrer?* Stuttgart: Klett-Cotta.

42 Ebd.

43 Zit. nach Senge, P./Scharmer, O. et al. (2005). *Presence.* London: Nicolaus Brealey Publ., S. 29.

44 Langer, E. (1998). *The power of mindful learning.* Addison Wesley, S. 4.

45 Vogt, K./ Fritz, M. (2006). *Szenisches Lernen.* Ulm: Transferzentrum für Neurowissenschaften und Lernen. www.znl-ulm.de/html/forschungsprojekte.html, Zugriff: 22.11.06

46 Riegel, E. (2004). *Schule kann gelingen.* Frankfurt a.M.: Fischer.

47 Palmer, P. (1993). *To know as we are known.* San Francisco: Harper Collins, S. 76.

48 Wilke, H. (1998). *Systemisches Wissensmanagement.* Stuttgart: Lucius & Lucius.

Wir miteinander in der Welt – Der soziale Kreis

49 Palmer, P. (1999). Recovering the sacred in knowing, teaching and learning, In: Glazer, S. (Ed.). *The heart of learning. Spirituality in education.* New York: Penguin Putnam, S. 15–32.

50 Ausführliche Informationen dazu in Gallo, F./Vicenzi, H. (2007). *Gelöst – entlastet – befreit.* Kirchzarten: VAK-Verlag.

51 Hempen, C-H. (1991). *Die Medizin der Chinesen.* München: Goldmann, S. 216 ff.

52 Hart, B. R./Risley, T. R. (2002). *Meaningful differences in the everyday experience of young american children.* Baltimore, MD: Brooks Publishing.

53 Dickerson, S. S./Kemeny, M. E. et al. (2004). Immunological effects of induced shame and guilt. *Psychosom Med* 66(1): 124-31.

54 Esch, T./G. Stefano (2002). Proinflammation: a common denominator

or initiator of different pathophysiological disease processes. *Med Sci Monit* 8(5): HY1-9.

55 Oke, S. L./K. J. Tracey (2007). *The inflammatory reflex and the role of complementary and alternative medical therapies.* Ann N Y Acad Sci.

56 May, A. E./Seizer, P. et al. (2008). *Platelets: Inflammatory Firebugs of Vascular Walls.* Arterioscler Thromb Vasc Biol.

57 Aristoteles (1985). *Nikomachische Ethik.* Hamburg: Verlag Felix Meiner.

58 Lazar, S. W./Kerr, C. E. et al. (2005). Meditation experience is associated with increased cortical thickness. *Neuroreport* 16(17): 1893-7.

59 Somatosensorischer und auditorischer Kortex sowie die rechte anteriore Insula

60 Der inferiore occipitotemporale visuelle Kortex und die rechte anteriore Insula

61 BA 9 und 10 (rechter mittlerer und superiorer Frontalsulcus)

62 Raingruber, B./Robinson, C. (2007). The effectiveness of Tai Chi, yoga, meditation and Reiki healing sessions in promoting health and enhancing problem solving abilities of registered nurses. *Issues Ment Health Nurs* 28(10): 1141-55.

63 Grepmair, L./Mitterlehner, F. et al. (2007). Promotion of mindfulness in psychotherapists in training: preliminary study. *Eur Psychiatry* 22(8): 485-9.

64 Singh, N. N./Lancioni, G. E. et al. (2007). Mindful parenting decreases aggression and increases social behavior in children with developmental disabilities. *Behav Modif* 31(6): 749-71.

65 Augenstein, S. (2003). *Yoga und Konzentration. Theoretische Überlegungen und empirische Untersuchungsergebnisse.* Immenhausen: Prolog-Verlag.
Goldstein, N. (2002). *Körperzentrierte Übungen des klassischen Hatha-Yogas als Therapiekonzept bei Kindern mit expansiven Störungen.* Dissertation. Päd. Hochschule Heidelberg.
Stück, M. (1998). *Entspannungstraining mit Yogaelementen in der Schule.* Donauwörth: Auer.
Becker, M. (2000). *Qigongunterricht für Schulkinder. Eine kontrollierte Pilotstudie zur Evaluation von Durchführbarkeit und Nutzen.* Dissertation. Medizinische Fakultät Charité der Humboldt-Universität zu Berlin.

66 Aktuelle Ergebnisse der Studie »Achtsamkeit macht Schule« unter www.achtsamkeit.com

67 Davidson, R. J. (2003). The case of the happy geshe. In: Goleman, D. (2003). *Destructive emotions.* New York: Bantam Bell, S. 338 ff.

68 Rogers, C. (1973). *Die klient-bezogene Gesprächstherapie.* München: Kindler, S. 447.

69 Rilke, R. M. (1988). *Lektüre für Minuten.* Frankfurt a.M.: Insel Verlag, S. 32.

70 Tausch, R. Die Förderung des persönlichen Lernens des Lehrers - notwendig für persönliches und fachliches Lernen der Schüler. In: Mutzeck, W.; Waldemar P. (Hrsg.) (1983). *Handbuch zum Lehrertraining.* Weinheim, Basel: Beltz, S. 284.

71 Ebd, S. 276.

72 Ebd. S. 279 ff.

Wir in der gestalteten Um-welt – Die umweltlichen Kreise

73 Warneken, F./Hare, B. et al. (2007). Spontaneous altruism by chimpanzees and young children. *PLoS Biol* 5(7): e184.

74 Bauer, J. (2006). *Das Prinzip Menschlichkeit.* Hamburg: Hoffmann und Campe, S. 35. Dort findet man auch eine Zusammenschau relevanter Untersuchungen.

75 http://www.thueringen.de/de/buergergeld/, Zugriff am 08.09.08

76 Pädagogische Leitlinien der Versuchsschule des Landes Nordrhein-Westfalen an der Universität Bielefeld. http://www.uni-bielefeld.de/LS/laborschule neu/dieschule paedagogischeleitlinien.html, Zugriff am 12.01.08.

77 Kompetenzerwerb und Persönlichkeitsentwicklung: Eine Untersuchung an der Laborschule Bielefeld im Rahmen von PISA. (2002). http://www.uni-bielefeld.de/Universitaet/Einrichtungen/Pressestelle/dokumente/laborschule pisa2.html, Zugriff am 22.1.2007

78 Anders lernen – Das Konzept der Helene-Lange-Schule. http://helene-lange-schule.templ2.evision.net/index.php?id=14, Zugriff: 12.12.07

79 http://helene-lange-schule.templ2.evision.net/fileadmin/downloads/pisa.pdf

80 Hellwig, S. (2007). Unterricht im Untergrund. In: *DIE ZEIT*, 28.10.2007, S. 15

81 Z.B. http://www.sudbury.de/, http://www.freie-alternativschulen.de, Zugriff: 08.09.08

82 Pikler, E./Tardos, A. u.a. (1997). *Miteinander vertraut werden*. Freiburg: Herder.

83 Rosenberg, M. (2003). *Gewaltfreie Kommunikation*. Paderborn: Junfermann.

84 Rossi, E. (1993). *Zwanzig Minuten Pause. Wie Sie seelischen und körperlichen Zusammenbruch verhindern können*. Paderborn: Junfermann.

85 Kriegesmann, B./Thomzik, M./Göttel, S./Dobos, G./Paul, A./ Altner, N./ Lange, S./Wolff, M. (2006). *Lifestyle-Management – Virtualisierte Arbeitsformen und Möglichkeiten der Lebensstilveränderung*. Bochum: IAI Verlag.

86 Loy, D. (1988). *Nondualität*. Frankfurt a.M.: Wolfgang Krüger Verlag, S. 223ff.

87 Goethe an Eckermann. In: Artemis *Goethe-Gesamtausgabe*, Bd. 24, S. 726. Zit. nach Loy, D. (1988). *Nondualität*. Frankfurt a. M.: Wolfgang Krüger Verlag, S. 469.

88 Waldschmidt, I. (2001). *Maria Montessori. Leben und Werk*. München: C.H. Beck, S. 94f.

89 de Vet, A. (2007). *The effects of thinking in silence on creativity and innovation*. Dissertation. University of Tilburg.

90 Beispiele für erprobte Formate: Grieger, G. (2001). *Appreciative inquiry*. Paderborn: Junfermann Verlag.
Owen, H. (2001). *Open Space Technology - Ein Leitfaden für die Praxis*. Stuttgart, Klett-Cotta.
Juanita Brown, J./Isaacs, D. (2007). *Das World Café. Kreative Zukunftsgestaltung in Organisationen und Gesellschaft*. Heidelberg: Carl Auer Verlag.

Wir in der gestalteten Um-Welt – Kreisläufe und unsere ökologische Verantwortung

91 Z.B. Næss, A. (2003). *Between Reason and Emotion*. http://sammelpunkt. philo.at:8080/archive/00000612/01/Naess.pdf, Zugriff: 14.8.2007

92 Thich Nhat Hanh. (1999). *Heute achtsam leben*. Freiburg u.a.: Herder, 27/6.

93 Bloßfeld, K. (1928). *Urformen der Kunst*. Berlin: Wasmuth Verlag.

94 http://www.sculpture.org.uk/portfolio/AndyGoldsworthy/ Zugriff: 28.1.2008.

95 Wiesbaden: www.schlossfreudenberg.de, Essen, Suhl & Peenemünde: http://www.erfahrungsfeld.de, Kassel: http://www.erfahrungsfeld-kassel.de, Haus Kannen bei Münster: http://www.garten-therapie.de/Garten/Sinnespark_Haus_Kannen/sinnespark_haus_kannen.html, Zugriff: 28.3.2007

96 http://www.naturgut-ophoven.de/, Zugriff: 28.3.2007

97 www.erdcharta.de, Zugriff am 08.08.08.

98 Erd-Charta-Handbuch für Lehrerinnen und Lehrer. (2007). Diemelstadt-Wethen: Erd-Charta-Koordinierungsstelle in Deutschland / Ökumenische Initiative Eine Welt e.V. (Hrsg.) in Kooperation mit dem Amt für Lehrerbildung Hessen und dem Pädagogischen Zentrum Rheinland-Pfalz, S.10.

99 Green, N. & K. (2005). *Kooperatives Lernen im Klassenraum und im Kollegium.* Seelze-Velber: Kallmeyer.

100 Siehe Fußnote 11

Weitere Kreise – Transpersonale Entwicklung

101 Für eine Zusammenschau siehe z.B. Eliade, M. (1978). *Geschichte der religiösen Ideen.* 4 Bde., Freiburg u.a.: Herder.

102 Küng, H. (2002). *Wozu Weltethos? Religion und Ethik in Zeiten der Globalisierung. Im Gespräch mit Jürgen Hoeren.* Freiburg: Herder Verlag.

103 Zit. nach Rath, N. (2001). Kindliche Vorstellungswelten. In: Doehlemann, M.: *Die Kreativität der Kinder. Anregungen für Erwachsene.* Münster: Waxmann, S. 203

104 Maslow, A. (1943). A theory of human motivation. *Psychological Review* 50:370-96.

105 Maslow, A. (1971). *The farther reaches of human nature.* New York: The Viking Press.

106 *Etymologisches Wörterbuch des Deutschen.* (1989). 3 Bde, Berlin: Akademie Verlag, S. 1636.

107 Laotse (1921). *Tao Te King.* Das Buch des Alten vom Sinn und Leben. Übersetzt von Richard Wilhelm. Jena: Eugen Diederichs, *Nr. 32.*

108 Laotse (1985). *Tao Te King.* Zürich: Diogenes, *Nr. 32.*

Weitere Kreise – Der weite Kreis der integralen Perspektive

109 Gebser, J. (1999). *Ursprung und Gegenwart.* Schaffhausen: Novalis.

110 Eine Übersicht über Entwicklungsmodelle und ihre Bedeutung für die Gestaltung von Bildungsprozessen findet sich in: Altner, N. (2006). *Achtsamkeit und Gesundheit. Auf dem Weg zu einer achtsamen Pädagogik.* Immenhausen: Prolog-Verlag.

Weitere Kreise – Der offene Kreis – Einssein mit allem

111 Meister Eckhart (1964). *Der Morgenstern.* Berlin: Union Verlag, S. 191.

112 *The Kabir Book. Versions by Robert Bly.* (1977). Boston: Beacon Press, S. 29, Übzg: N.A..

113 Siegel, D. (2007). *Das achtsame Gehirn.* Freiamt: Arbor Verlag, S.368.

114 Suzuki, D. T. (1990). *Die große Befreiung.* München: O.W. Barth, S. 135f.

115 Maslow, A. H. (1968). *Towards a psychology of being.* New York u.a.: Van Nostrand.

116 Csikszentmihalyi, M. (1990). *Flow. The psychology of optimal experience.* New York: HarperCollins.

117 Rilke, R. M.: *Lektüre für Minuten. Gedanken aus seinen Büchern und Briefen.* Frankfurt a.M.: Insel Verlag, 1988, S. 35.

Literaturverzeichnis

Altner, N. (2006). *Achtsamkeit und Gesundheit. Auf dem Weg zu einer achtsamen Pädagogik*. Immenhausen: Prolog-Verlag.

Altner, N./Brunner, R. (2004). *Qigong in der Schule*. Mülheim: Verlag an der Ruhr.

Anderssen-Reuster, U. (Hrsg.). (2007). *Achtsamkeit in der Psychotherapie und Psychosomatik. Haltung und Methode*. Stuttgart: Schattauer.

Antonovsky, A. (1997). *Salutogenese. zur Entmystifizierung von Gesundheit*. Tübingen: dgvt-Verlag.

Bauer, J. (2006). *Das Prinzip Menschlichkeit*. Hamburg: Hoffmann und Campe.

Bergman, F. (2004). *Neue Arbeit. Neue Kultur*. Freiamt: Arbor Verlag.

Bloßfeld, K. (2007). *Alphabet der Pflanzen*. München: Schirmer/Mosel.

Bloßfeld, K. (1928). *Urformen der Kunst*. Berlin: Wasmuth Verlag.

Crary, J. (2002). *Aufmerksamkeit. Wahrnehmung und moderne Kultur*. Frankfurt a.M.: Suhrkamp.

Csikszentmihalyi, M. (1990). *Flow. The psychology of optimal experience*. New York: HarperCollins.

Dobos, G. (2008). *Die Kräfte der Selbstheilung aktivieren*. Zabert Sandmann.

Engels, S.; Esswein, J. (2008). *Meditation für Neugierige und Ungeduldige*. München: Gräfe & Unzer.

Erd-Charta (2007). *Handbuch für Lehrerinnen und Lehrer*. Diemelstadt-Wethen: Erd-Charta Koordinierungsstelle in Deutschland / Ökumenische Initiative Eine Welt e.V. (Hrsg.) in Kooperation mit dem Amt für Lehrerbildung Hessen und dem Pädagogischen Zentrum Rheinland-Pfalz.

Foucault, M. (1977). *Überwachen und Strafen*. Frankfurt a.M.: Suhrkamp.

Gardner, H. (2002). *Intelligenzen. Die Vielfalt des menschlichen Geistes*. Stuttgart: Klett-Cotta.

Gaschler, F. & G. (2007). *Ich will verstehen, was du wirklich willst. Gewaltfreie Kommunikation mit Kindern*. München: Kösel-Verlag.

Gebser, J. (1999). *Ursprung und Gegenwart*. Schaffhausen: Novalis.

Glazer, S. (Ed.). *The heart of learning. Spirituality in education*. New York: Penguin Putnam.

Goldsworthy, A. (2004). *Zeit*. Frankfurt a.M.: Zweitausendeins.

Goleman, D. (2003). *Destructive Emotions*. New York: Bantam Bell.

Green, N. & K. (2005). *Kooperatives Lernen im Klassenraum und im Kollegium*. Seelze-Velber: Kallmeyer.

Heidenreich, T./Michalak, J. (Hrsg.) (2006). *Achtsamkeit und Akzeptanz in der Psychotherapie*. Tübingen: dgvt-Verlag.

Hüther, G./Prekop, J. (2006). *Auf Schatzsuche bei unseren Kindern*. München: Kösel-Verlag.

Hüther, G. (2007). *Brainwash: Einführung in die Neurobiologie für Pädagogen, Therapeuten und Lehrer*. DVD. Müllheim: Auditorium Netzwerk.

Kabat-Zinn, J. & M. (2006). *Mit Kindern wachsen*. Freiamt: Arbor Verlag.

Kabat-Zinn, J. (2006). *Gesund durch Meditation*. Frankfurt a.M.: Fischer.

Kabat-Zinn, J. (2008). *Zur Besinnung kommen*. Freiamt: Arbor Verlag.

Kabat-Zinn, J./Altner, N. (2009). *Meditation für Anfänger*. Buch und CD. Freiamt: Arbor.

Kaltwasser, V. (2008). *Achtsamkeit in der Schule*. Weinheim, Basel: Beltz.

Küng, H. (2002). *Wozu Weltethos? Religion und Ethik in Zeiten der Globalisierung. Im Gespräch mit Jürgen Hoeren*. Freiburg: Herder.

Langer, E. (1998). *The power of mindful learning*. Addison Wesley.

Loy, D. (1988). *Nondualität*. Frankfurt a.M.: Wolfgang Krüger Verlag.

 Maslow, A. H. (1968). *Towards a psychology of being*. New York u.a.: Van Nostrand.

Moreno, J. L. (2008). *Psychodrama*. Stuttgart: Thieme.

Palmer, P. (1993). *To know as we are known*. San Francisco: Harper Collins.

Pikler, E./Tardos, A. u.a. (1997). *Miteinander vertraut werden*. Freiburg: Herder.

Rosenberg, M. (2003). *Gewaltfreie Kommunikation*. Paderborn: Junfermann.

Riegel, E. (2004). *Schule kann gelingen*. Frankfurt a.M.: Fischer.

Rumpf, H./Kranich, E-M. (2000). *Welche Art von Wissen braucht der Lehrer?* Stuttgart: Klett Cotta.

Servan-Schreiber, D. (2004). *Die neue Medizin der Emotionen*. München: Goldmann.

Siegel, D. (2007). *Das achtsame Gehirn*. Freiamt: Arbor Verlag.

Suzuki, D. T. (1990). *Die große Befreiung*. München: O.W. Barth.

Thich Nhat Hanh (1999). *Heute achtsam leben*. Freiburg u.a.: Herder.

Thoreau, H. D. (2007). *Walden*. Zürich: Diogenes Verlag.

Zimmer, R. (2002). *Schafft die Stühle ab!* Freiburg: Herder.

Bildnachweis

S. 41 © istockphoto/fotek

S. 41 © istockphoto/ArtmannWitte

S. 41 © istockphoto/Bill Kennedy

S. 41 © istockphoto/Eric Hood

S. 41 © istockphoto/Jan Kaliciak

S. 41 © photodisc

S. 41 © creativ collection/ccvision

S. 46 Mit freundlicher Genehmigung der Franz Sales Werkstätten GmbH Essen

S. 84 Grafik: Steffi Riedel

Einige Quellenangaben sind trotz intensivster Bemühungen des Verlags nicht oder nur ungenau möglich. Der Verlag ist für weiterführende Hinweise dankbar.